Thomas Brand / Thomas Möbius

Wie schreibe ich einen Aufsatz?

9. und 10. Schuljahr

Bange Verlag

Über die Autoren:

Thomas Brand, geboren 1959, verheiratet, zwei Kinder, Studium der Germanistik und ev. Theologie in Göttingen und Berlin, nach Durchführung eines theologischen Forschungsprojektes seit 1992 Lehrer für Deutsch und ev. Religion an Gymnasien, zunächst in Dresden, dann in Fürstenwalde (Spree), Autor von Lernhilfen verschiedener Verlage und von Königs Erläuterungen und Lernhilfen des Bange Verlages.

Thomas Möbius, geboren 1963 in Heidelberg, Studium der Germanistik und ev. Theologie, Promotion zum Dr. phil. in der germanistischen Mediävistik, Stipendiat der Konrad-Adenauer-Stiftung, Lehraufträge an der Universität Heidelberg, 1991–2001 Lehrer an einem Gymnasium in Mannheim, seit 2002 Akademischer Rat für Literaturwissenschaft und Literaturdidaktik an der Pädagogischen Hochschule Heidelberg, mehrjährige Auslandsaufenthalte in Mailand, Rom und Singapur, Autor von Lernhilfen und Königs Erläuterungen des Bange Verlags.

3., überarbeitete und aktualisierte Auflage 2004
ISBN 3-8044-1483-4

Druck und Weiterverarbeitung: FINIDR, s.r.o., Český Těšín

Inhaltsverzeichnis

Stichwortverzeichnis

1. Informierende, berichtende und kommentierende Texte

Im Verlauf der 9. Klasse wirst du vermutlich das Thema ‚Zeitung' mit den Textsorten Nachricht, Reportage, Kommentar und Glosse behandeln. Mögliche Klassenarbeiten dazu sind die Untersuchung einer Nachricht nach Aufbau und Sprache, das Schreiben eines Kommentars und einer Glosse zu einem bestimmten Sachverhalt oder einer aktuellen Nachricht sowie das Verfassen einer Reportage auf der Grundlage eines Nachrichtentextes.

Diese Formen kannst du auf den nächsten Seiten trainieren.

1.1 Die Nachricht

Lies dir die folgende Meldung gründlich durch:

Lesetext

Verkehr: Brandenburg führt Todesbilanz an

Bei sinkender Tendenz 314 Tote im ersten Halbjahr 1997
Wissmann kündigt erneut Maßnahmen gegen Raser an

Potsdam (dpa). **Die Zahl der Verkehrstoten in Deutschland hat in der ersten Hälfte dieses Jahres weiter abgenommen, auch in Brandenburg. Insgesamt starben auf deutschen Straßen von Januar bis Juli 3902 Menschen, teilte das Statistische Bundesamt gestern in Wiesbaden mit. 314 Verkehrsteilnehmer fanden auf den Straßen in Brandenburg den Tod. Dies sind sechs Prozent weniger als im Vorjahreszeitraum.**

Doch mit einem Spitzenwert von 123 Toten pro Million Bürger steht das Alleenland Brandenburg weiter an der Spitze der Verkehrsopferstatistik. Mecklenburg-Vorpommern folgt mit 105. Unter den alten Ländern weist Bayern mit 58 Toten pro Million Bürgern die meisten Verkehrsopfer auf. Einen besonders starken Rückgang bei den tödlich Verunglückten im ersten Halbjahr gab es in Bremen (minus 44 Prozent) und in Berlin (minus 31 Prozent). Zuwächse ermittelten die Statistiker für das Land Hamburg (plus 20 Prozent). Der noch immer gravierende Unterschied zwischen Ost- und Westdeutschland sei allerdings bereits geringer geworden.
Noch immer sterben in den neuen Ländern im Verhältnis zu den Einwohnerzahlen weit mehr Menschen

im Verkehr als im alten Bundesgebiet. Pro Million Bürger seien in Ostdeutschland 73 und in Westdeutschland 42 Verkehrstote gezählt worden, sagte ein Sprecher des Bundesamtes gestern.
Bei den durch Verkehrsunfälle Verletzten gab es im Bundesgebiet gegenüber den Toten im Vergleich zu 1996 einen Anstieg um 3,5 Prozent auf 235.000. Nach Ansicht der Statistiker sind technische Neuerungen wie Airbags mögliche Ursachen für weniger Todesfälle. Gleichzeitig sei die Zahl der Unfälle mit Verletzten insgesamt um 3,9 Prozent auf knapp 178.000 gewachsen.
Raser müssen künftig mit längeren Fahrverboten und deutlich höheren Bußgeldern rechnen. Das kündigte Bundesverkehrsminister Matthias Wissmann (CDU) gestern erneut in Berlin an. Er schlug vor, die Probezeit für jüngere Fahranfänger bis zum 22. Lebensjahr um zwei auf vier Jahre zu verlängern. „Die unangepasste Geschwindigkeit ist nach wie vor Unfallursache Nummer eins", sagte Wissmann.

Märkische Oderzeitung, 22.8.1997

Übung

Übung 1 Notiere dir stichwortartig den Aufbau der Nachricht. Kannst du einzelnen Teilen eine bestimmte Funktion zuweisen?
▶ Lösung Seite 134

Übung

Übung 2 Es handelt sich bei der abgedruckten Nachricht um eine Meldung von mittlerer Länge, die Haupt- und Zusatzinformationen enthält. Welches sind deiner Meinung nach die Haupt-, welches die Zusatzinformationen?
▶ Lösung Seite 134

Übung

Übung 3 Forme die Nachricht um in eine Kurzmeldung. (Diese sollte nicht einfach mit dem fett gedruckten Anfang, dem Vorspann, identisch sein.)
▶ Lösung Seite 134

Eine Nachricht mittlerer oder größerer Länge ist meist nach einem bestimmten Schema aufgebaut:
Die erste Information, in Sekundenschnelle zu erfassen, liefern *Schlagzeile* und *Untertitel.* Die wichtigsten Informationen enthält der *Vorspann*, oft zu Beginn des Nachrichtentextes fett gedruckt.
Die Nachricht selbst lässt sich unterteilen in

- *Leitinformation*, d. h. Angaben zu Geschehen, Beteiligten Personen, Ort und Zeit *(Was? Wer? Wo? Wann?)* und
- *zusätzliche Informationen (Wie? Warum? Welche Quelle?)*

Man nennt diesen Aufbau den *Lead-Stil*, da am Anfang die Leitinformation steht, die durch Zusatzinformationen ergänzt wird.
Die Zeitform der Nachricht ist meist das Präteritum, die Sprache ist sachlich knapp und informierend.

Übung 4 Hier sind die einzelnen Informationen für die Nachricht durcheinander geraten. Bringe sie in die richtige Ordnung.
▶ Lösung Seite 134 f.

Großbrand zerstört vier Dachstühle in Reinickendorf

keine Verletzten, aber Evakuierung der Mieter des gesamten Straßenzugs – möglicherweise Auswirkungen auf die gesamte Siedlung, da alle Häuser die gleichen Dachgeschosse haben – 11 Uhr: Meldung bei der Feuerwehr, vier Dachstühle in einer Reinickendorfer Siedlung in Flammen – Kritik am Brandschutz: keine Brandwände, daher Übergreifen des Brandes möglich – Löscharbeiten durch starken Wind und Hitze erschwert – 14 Uhr: Einsatzkräfte haben Lage unter Kontrolle, müssen aber noch bleiben – betroffene Gesamtfläche:
800 m^2 – Ursache: vermutlich technisches Versagen, da Ausbrechen des Feuers in unbewohntem Dachstuhl – viele weitere Glutherde – 16 Uhr: Besichtigung des Ortes durch Brandkommissariat: Prüfung wegen vielleicht nicht gebauter Brandwände

Übung 5 Verfasse aus den einzelnen Bausteinen eine Nachricht zu dem Ereignis im sachlichen Lead-Stil.
Um den Lead-Stil noch etwas einzuüben, bearbeite folgende Kurzmeldung:

Übung

Übung 6 Gestalte aus der Kurzmeldung „Autodiebe landeten in einer Sackgasse“ eine Nachricht mittlerer Länge. Die notwendigen zusätzlichen Informationen musst du dir selbst überlegen. Achte darauf, dass trotz des spannenden Inhalts aus deinem Text keine ‚Räuberpistole' wird (Gebot der Sachlichkeit).

Lesetext

Autodiebe landen in einer Sackgasse

LICHTENBERG (weso). In einer Sackgasse in Friedrichsfelde endete gestern früh gegen 3.20 Uhr für zwei Insassen eines gestohlenen Autos eine Verfolgungsjagd mit der Polizei. Die Beamten hatten zuvor an der Eitelstraße das in Erkner gestohlene Fahrzeug entdeckt. Als dessen Fahrer die Beamten bemerkte, gab er Gas, raste über die Rummelsburger Straße und bog in eine Straße ab, die sich aber als Sackgasse herausstellte. An deren Ende bremste er, riss die Tür auf, rannte in eine angrenzende Grünanlage und entkam. Die beiden anderen Wageninsassen, ein 19-jähriger Mann und eine gleichaltrige Frau, wurden festgenommen.

Der Tagesspiegel, 21.8.1997

1.2 Der Kommentar

Viele Nachrichten provozieren eine Meinung – nicht nur beim Leser, sondern auch bei den Redakteuren einer Zeitung selbst. So haben die Zeitungen bestimmte Rubriken, manchmal sind es sogar ganze Seiten, auf denen die Redakteure oder Gast-Autoren zu bestimmten Ereignissen oder Nachrichten mit einem Kommentar Stellung nehmen.

Lies dir zunächst noch einmal die Meldung „Verkehr: Brandenburg führt Todesbilanz an“ durch.

Übung

Übung 7 Der Artikel selbst enthält nicht nur Informationen, sondern auch eine Meinungsäußerung. An welcher Stelle ist das der Fall?

▶ Lösung Seite 135

Sieh dir noch einmal die berichteten Fakten – ohne die genauen Zahlen und Vergleichsziffern – an:

1) Die Zahl der Verkehrstoten ist gesunken.
2) Die Zahl der Opfer in Ost- und Westdeutschland ist sehr unterschiedlich.
3) Brandenburg liegt mit 314 Verkehrstoten im 1. Halbjahr 1997 an der Spitze.
4) Ursache für die im Allgemeinen gesunkene Anzahl der Verkehrstoten sind v. a. technische Neuerungen, z. B. der Airbag.
5) Raserei ist die Hauptursache der meisten Unfälle mit Todesfolge.
6) Der Verkehrsminister will gegen Raser härtere Strafen erlassen.

Übung 8 Formuliere zu jeder dieser Teilnachrichten deine Meinung in einem Satz nach dem Beispiel (zu Satz 1):
▶ Lösung Seite 135

Die sinkende Zahl der Verkehrstoten ist ein gutes Zeichen dafür, dass auf den Straßen vernünftiger gefahren wird.

Die Zahl der Verkehrstoten ist trotz des Rückgangs immer noch zu hoch und zeigt, dass nach wie vor zu viele unvernünftig fahren.

Übung 9 Natürlich kann, so lange man Gründe findet, auch die Gegenmeinung vertreten werden. Formuliere zu den von dir aufgeschriebenen Meinungssätzen die jeweilige Gegenmeinung.
▶ Lösung Seite 135 f.

Der Kommentar enthält die Meinung des Verfassers zu bestimmten Nachrichten oder Beobachtungen. Seine Absicht ist es, entweder andere zu überzeugen oder, sofern sie derselben Meinung sind wie der Verfasser, sie in ihrer Meinung zu bestärken.
Besondere inhaltliche und sprachliche Mittel des Kommentars sind:
Hintergrundinformationen (Zahlen, Fakten), Argumente, Urteile, sachliche Sprachebene, Zeitform: Präsens.
Die Nachricht selbst sollte im Kommentar noch einmal, allerdings nur kurz, erwähnt werden, damit jeder Leser weiß, worauf du dich beziehst.

Übung 10 Lies den folgenden Kommentar und beantworte die anschließenden Fragen:
▶ Lösung Seite 136

Landesweiter Lausitz-Ring?

Eine gute und eine schlechte Nachricht kamen gestern vom Statistischen Bundesamt in Wiesbaden. Die gute: Die Zahl der Verkehrsunfälle und der tödlich Verunglückten nimmt ab. Die schlechte: Immer noch ist das Land Brandenburg einsamer ‚Spitzenreiter'. 314 Tote gab es im ersten Halbjahr 97 auf den Straßen unseres Landes.

Nun geht wieder die Suche nach den Ursachen los. Die einen wollen am liebsten den Führerschein erst ab 30 erteilen, die anderen würden nur allzu gern alle Alleebäume abhacken.

Es mag ja sein, dass die Bäume für manchen Fahrer zum tödlichen Hindernis geworden sind und dass unsere alten Straßen zu eng geworden sind für den Massenverkehr unserer Tage. Auf der anderen Seite gilt: Wenn – vor allem jugendliche – Fahrer den Lausitz-Ring* auf die Landstraße verlegen wollen, muss man hier den Hebel ansetzen. An 65 % aller schweren Verkehrsunfälle waren Fahrer unter 26 Jahren beteiligt (der Prozentsatz der 36–40-Jährigen liegt bei 18); die größte Zahl der zu beklagenden Todesopfer geht auf das Konto jugendlicher Raserei.

Die Ursachen mögen verschieden sein: jugendlicher Übermut und Überschätzung der eigenen Kraft und Kontrolle über das Fahrzeug, Alkohol, illegale Wettrennen oder einfach Spaß am Krach. Ganz gleich, worum es sich handelt – die Gemeinschaft kann das nicht länger hinnehmen.

Deshalb ist es ein richtiger Schritt, wenn der Bundesverkehrsminister jetzt härtere Strafen für Raser angekündigt hat. Es wird sich zeigen, ob das genügt. Denkbar wären Vorstrafen, etwa in Form eines Arbeitseinsatzes in einem Heim für querschnittsgelähmte Unfallopfer. Wenn den PS-Zahlen keine Grenzen gesetzt werden, dann auch nicht den Überlegungen, wie man die Raser zur Vernunft bringt.

Wie hieß das Motto einer großen Kampagne zur Verkehrssicherheit: „Brandenburg soll besser fahren!"

---

* Lausitz-Ring: Rennstrecke im Süden Brandenburgs

- *Wo bezieht sich der Verfasser auf die Nachricht?*
- *Inwieweit hat er die Nachricht gekürzt und warum wohl?*
- *Worin sieht er die Hauptursache für die hohe Zahl der Verkehrstoten?*
- *Welche Formulierungen deuten an, was der Kommentator beim Leser erreichen will?*
- *In seinen Vorschlägen übertreibt der Verfasser ein wenig. Wo und warum tut er das?*

Übung 11 *Kommentare enthalten oft Formulierungen, die den Leser vereinnahmen und mit denen der Kommentator den Leser auf seine Seite ziehen möchte. Zeige auf, wo das am Beispiel „Landesweiter Lausitz-Ring?" der Fall ist.*

▶ Lösung Seite 136

Beim Schreiben eines Kommentars gehst du ähnlich vor wie bei der begründeten Stellungnahme und der (steigernden) Erörterung.

Übung 12 *Ordne den Arbeitsschritten die auf der rechten Seite stehenden Fragen zu:*

▶ Lösung Seite 136

1. Nachrichtenwert klar machen	a) Warum vertrete ich diese (und nicht etwa die entgegengesetzte) Meinung?
2. Eigene Meinung klären	b) Wie lege ich meine Gründe am überzeugendsten dar?
3. Gründe nennen	c) Worin besteht der Kern, das Besondere der Nachricht?
4. Argumentation sinnvoll aufbauen	d) Was will ich mit meinem Kommentar bewirken?
5. Guten Schluss finden (Appell, Wunsch, etc.)	e) Wie stehe ich persönlich zu dem Sachverhalt?

Übung

Übung 13 Verfasse auf der Grundlage der Meldung „Verkehr: Brandenburg führt Todesbilanz an" jeweils einen Kommentar, der die Ansicht vertritt:

„Es ist schön, dass die Zahl der Verkehrstoten sinkt. Offensichtlich lernen die Menschen jetzt besser und rücksichtsvoller fahren."

und

„Die angekündigten Maßnahmen gegen die Raser sind ein Schritt in die richtige Richtung, reichen aber nicht aus, um das Problem in den Griff zu bekommen."

Übung

Übung 14 Verfasse einen Kommentar, der sich mit den Ursachen für die hohe Zahl der Verkehrstoten auseinander setzt.

1.3 Die Glosse

Zur Nachricht über die hohe Anzahl der Verkehrstoten in Brandenburg wurde ein weiterer Beitrag geschrieben:

Lesetext

Heimtückische Bäume

Wir haben's ja schon immer gewusst – die Eichen sind schuld. Oder die Buchen oder die Platanen oder welcher Art auch immer die Bäume am Straßenrand sind. Heimtückisch lauern sie uns auf, wenn wir im Moment des höchsten Glücksgefühls über die Straßen preschen. Stellen sich uns in den Weg und sagen: „Stopp! Finito!"
314 Verkehrstote in Brandenburg im ersten Halbjahr 1997.
Die Bäume haben uns den Krieg erklärt. Auch das satteste Grün kann ihre Absicht nicht tarnen: Sie wollen das Leben unserer Fahrer, besonders der jüngeren. Zur Verschleierung ihres Vorhabens haben einige ihrer Verbündeten das Gerücht in die Welt gesetzt, die baumbestandenen Straßen seien eine Naturschönheit, einmalig in Deutschland! Brandenburg – Alleenland.
Aber lassen wir uns nicht täuschen. Freie Fahrt für freie Bürger! Wir werden schon sehen, wer am längeren Hebel sitzt. Leute, holt die Sägen aus dem Keller! Wenn wir jetzt handeln, ist Tempo 150 auf den Landstraßen keine Utopie mehr.

Und im nächsten Halbjahr sind es dann vielleicht nur noch 300 Verkehrstote.

Übung 15 *Was hat dieser Text mit dem Kommentar „Landesweiter Lausitz-Ring?" gemeinsam, worin unterscheiden sich die beiden Texte?*
▶ Lösung Seite 136

Übung 16 *Was fällt dir am Text „Heimtückische Bäume" sprachlich auf?*
▶ Lösung Seite 136

Als Glosse bezeichnet man eine *ironisch-kritisierend zugespitzte Meinungsäußerung* in einer Zeitung. Das vorherrschende Stilmittel ist die *Ironie*. Dabei meint man ungefähr das Gegenteil von dem, was man sagt. So soll der Leser eigenständig auf die zu kritisierenden Gesichtspunkte aufmerksam werden. Im Gegensatz zu einem Kommentar ist die Glosse durch ihre ironische Gestaltung immer *angreifend*.
Sprachliche Mittel der Glosse sind: *Wortneubildungen, Anspielungen (die z.T. nur eingeweihte Leser verstehen), sprachliche Bilder, Doppeldeutigkeiten* sowie die *Mischung von verschiedenen Sprachschichten*.

Übung 17 *Die folgende Glosse „Gesegnete Mahlzeit" bezieht sich auf einen Vorschlag, die Berliner Landesregierung, den Senat, von 10 auf 7 Mitglieder zu verkleinern. Die Verfasserin hält das offensichtlich für keinen besonders guten Vorschlag.*
Lies die Glosse aufmerksam. Wenn dir einzelne Wörter nicht bekannt sind, schlage sie im Lexikon nach.
Stelle im Text die glossentypischen Mittel heraus und versuche, ihre Funktion zu bestimmen.
▶ Lösung Seite 136 f.

Lesetext

Gesegnete Mahlzeit!

von Brigitte Grunert

Nach Jahren der Fettlebe steht leichte Kost auf dem Speisezettel der Staatskantine. Nur zu mit der Verwaltungs- und Bezirksreform, mit der Verkleinerung des Parlaments. Abspecken ist gesund. Im Politikerdeutsch nennt man so etwas Strukturreformen. Der Sand im Getriebe stört, nicht bloß der finanzielle Aufwand für die Verwaltungsmaschinerie. Aufgaben werden neu geordnet, Gesetze und sonstige Vorschriften entrümpelt, damit das volle Menschenleben nicht erstickt. Weniger kann mehr sein, das Führungspersonal eingeschlossen.
Doch auch in der politischen Küche werden manche Zutaten so lange malträtiert, bis die Speisen ungenießbar sind. Das führt die sonst so wackere Reform-SPD gerade vor. Es ist erst ein paar Jahre her, dass die Verkleinerung des Senats von höchstens 16 Senatoren neben dem Regierenden Bürgermeister auf zehn festgeschrieben wurde. Nun will die SPD nach dem Motte „Zehn kleine Negerlein ...“ drei weitere ins Etatloch stopfen. Dann wären's nur noch sieben – höchstens. Gesegnete Mahlzeit!
Das Rezept ist eigentlich fade. Würzen wir also nach. Ändern wir doch die Berliner Verfassung alle Nase lang und verkleinern wir den Senat so lange, bis es keinen mehr gibt. Probieren wir zur Abwechslung die Diktatur einer Vollversammlung von Politkommissaren aus, die ehrenamtlich in irgendeinem Volkspark bis zum Konsens über die Geschicke der Stadt diskutieren. Das wäre absolut transparent und kostenfrei.
Eine Schnapsidee, sagen Sie? Wieso? Verkleinerung ist bloß halbherzig und obendrein teuer. Sie vergrößert den ohnehin üppigen Kranz persönlicher Hilfsarbeiter, ohne die heutzutage schon kein Staatssekretär mehr auskommt. Die Parteien unterscheiden sowieso nicht mehr zwischen politischer Verantwortung der Verfassungsorgane und Willensbekundungen politischer Gruppen. Wir vermuten, Regierungen kämen leichter und schneller zu fundierten Entscheidungen, wenn sie sich nicht vorher, sondern hinterher vor ihren Fraktionen und Parteien dafür verantworten müssten. Den aktuellen Beweis liefert gerade eine Scheinklausur des Senats namens Koalitionsrunde, die unermüdlich am Haushaltsentwurf 1998 herumdoktert.
Im Ernst: Die SPD sollte in ihrem Eifer populistischen Unsinn nicht als Strukturreform verkaufen. Wie sagen die Genossen immer? Gerade kleine Leute brauchen den starken Staat. Wir empfehlen also der SPD, bei sich selbst zu beginnen und das Dickicht ihrer eigenen Beschlüsse zu lichten. Das wäre ein echter Reformansatz.

Der Tagesspiegel, August 1997

Wenn du selbst eine Glosse auf der Grundlage einer Nachricht schreiben sollst, musst du im Grunde ähnlich vorgehen wie beim Kommentar:

→ 1. Erfasse die *Inhalte* der Nachricht.
→ 2. Suche dir einen Aspekt, den man kritisch kommentieren kann. Finde deinen *‚Angriffspunkt'.*
→ 3. Überlege dir die *Gründe* für deine kritische Ansicht zu dem jeweiligen Punkt.
→ 4. Suche nach Möglichkeiten der *sprachlichen Umsetzung.* *Bei der Glosse ist nicht die sachlich-berichtende oder ausgewogen-kommentierende Sprache gefragt, sondern die ‚spitze Feder'.* Versuche, ironisch zu schreiben, z. B. durch gezielte Übertreibungen.
→ 5. Achte insgesamt auf *Kürze* und sprachliche Zuspitzung. Am Ende sollte entweder ein *‚Aha-Effekt'* stehen, oder du bringst knapp deine *wirkliche Meinung* zum Ausdruck.

1.3.1 Kleines ‚Ironie-Training'

Bei der Glosse den richtigen Ton zu treffen, ist nicht gerade leicht. Ironisches Sprechen kennst du mit Sicherheit bereits aus dem Alltag.

Übung 18 Erkläre die möglichen Bedeutungen der folgenden Äußerungen.
▶ Lösung Seite 137

1) „Sauber habt ihr gespielt!", rief der Trainer.
2) „Ich kann's kaum abwarten", sagte Peter vor der Mathe-Arbeit.
3) „Mit meinem Chef komme ich wirklich sehr gut klar", meint Ina.
4) „Das war eine wirkliche Höchstleistung von dir", kommentierte der Lehrer.

In der Alltagssprache erkennt man am Tonfall, ob eine Äußerung ernst gemeint ist oder ironisch ist, d. h. eigentlich das Gegenteil ausdrücken will. Das ist beim Schreiben schwieriger. Es gibt aber einige Hilfsmittel, die die Ironie erkennbar machen sollen:

→ der Einsatz von *Übertreibungen,*

- → die Anwendung eines *durchgehenden sprachlichen Bildes (etwa das der Küche in der Glosse „Gesegnete Mahlzeit“),*
- → die Wahl einer *ungewöhnlichen Perspektive*, die gleich erkennen lässt, dass es sich nicht um einen ‚normalen' Kommentar handelt.

Für die Glosse musst du allerdings darauf achten, nicht sinnlos zu übertreiben, denn ein überzogener Text verfehlt seine Wirkung; auch muss der Bezug zur Wirklichkeit, die hinter dem Text steht, erkennbar bleiben. Die ironische Schreibweise sollte also mit realistischen Eindrücken gemischt werden.

Lies den folgenden Artikel über ein Konzert der *Backstreet Boys* in Berlin.

Lesetext

Hysterisches Kreischen und flatternde Mädchen-Herzen

Pop-Quintett „Backstreet Boys“ auf Deutschland-Tournee

Berlin (AP). Das so genannte BSB-Fieber befällt vorwiegend junge Mädchen und äußert sich durch Kreischen, Stimmbandreizung sowie wildes Hüpfen. Die Ursache: fünf junge Männer aus Florida – die Backstreet Boys. Gestern fegten sie nach dem Auftakt der Deutschland-Tournee in Hannover über die Berliner Waldbühne.

Wie bei Konzerten der Backstreet Boys üblich stammte auch in Berlin der ohrenbetäubende Lärmpegel nicht von den Boxen auf der Bühne, sondern aus den Kehlen tausender, zumeist weiblicher Fans. Und wie immer hatten diese auch Geschenke für ihre Helden dabei: Gummibärchen, Plüschtiere, Liebesbriefe. Die einzigen Arme, in denen viele der Mädchen in der Waldbühne dann wirklich zu liegen kamen, waren allerdings die der zahlreichen Ordner, denn bei Hunderten von Teenagern machte der Kreislauf schon vor Beginn der Show schlapp. Die bot dann außer ein bisschen Feuerwerk und etwas Laserstrahlen nichts Spektakuläres. Es wäre eh verschwendet. Die Augen der Kinder hängen nur an den fünf Sängern mit der unglaublichen Tanzkondition. Ein bisschen langweilig vielleicht das Ganze, zu perfekt und klinisch. Lebendigen Charme entwickeln die Jungs nur, wenn doch mal einer aus der Reihe tanzt. Dennoch: Die Kinder sind begeistert. Im Publikum blitzen die Fotoapparate, brennen Wunderkerzen. Hoch gereckte Arme und heisere Rufe, als die Hits „I'll never break your heart“, „Anywhere for you“ und natürlich „Quit playing games“ an der Reihe sind.

Die Zugaberufe sind dann zur Abwechslung eher leise. Die Boys kommen trotzdem für zwei Zugabenblöcke zurück. Und dann, pünktlich fünf vor zehn, ein letztes „We love you“ in der Waldbühne – Feierabend, Jugendschutzgesetz.

Märkische Oderzeitung, 25.8.1997

Schon der Artikel selbst nimmt an manchen Stellen eine ironisch-kritische Sichtweise zum Konzert und dem Drumherum ein. Aber auch danach fühlten sich Leute veranlasst, das Ereignis kritisch zu kommentieren:

Lesetext

Text 1 (Leserbrief):

Boygroup-Hysterie

Vor dem verderblichen Einfluss der Boygroup-Hysterie kann man nur warnen. Die jungen Mädchen geben viel Geld aus um Stars anzuhimmeln, die sich in keiner Weise um sie kümmern, sondern nur ans Geld denken. Haben die Mädchen denn ihren Verstand komplett verloren? Sie schwänzen die Schule, um in der Schlange ganz vorn zu stehen. Sie lassen sich von ihren Eltern Hunderte Kilometer durch ganz Deutschland fahren, um ihren Stars nahe zu sein. Sie riskieren ihre Gesundheit, wenn sie bei Regenwetter im Freien, nur unter einer dünnen Plastikplane, auf die Öffnung der Pforten warten.

Im Stadion selbst leisten sie militärischen Gehorsam, wenn sie den strengen Anweisungen der Ordner Folge leisten. Und wenn die Stars dann auf der Bühne sind, kreischen sich die Mädchen die Seele aus dem Leib, sodass sie von der – höchst mittelmäßigen – Musik gar nichts hören. Oder sie werden ohnmächtig.

Von Kunstgenuss kann dabei wohl keine Rede sein. Viel Geschäft, Hysterie und unerfüllte Liebe – man sollte die Jugendlichen davon fernhalten.

Kurt Rothe, Hermannsdorf

Text 2 (Glosse):

Alles für die Boys

Da behaupte noch jemand, unsere Jugend sei nicht mehr engagiert und begeisterungsfähig! Als Sanitäter in der Waldbühne bekommt man da andere Eindrücke. Sie sollten die schmachtenden Teenageraugen sehen! Einige warten schon seit zwei Tagen. Worauf? Auf die Backstreet Boys natürlich. Eine jener Boygroups, die die Herzen unserer Teenys in Aufruhr versetzen. Millionen Mädchen sind verliebt – in die fünf Boys aus Florida. Schule ist da nicht so wichtig, und Vatis Tank ist immer voll. So ist man schon einen Abend vorher da und harrt notfalls auch im Regen aus – um am Ende doch von den Ordnern platziert zu werden, wo es ihnen passt.

Blinde Liebe hat ihre Vorteile, zweifellos. Den Anweisungen der Ordner wird widerspruchslos Gehorsam geleistet: In Zweierreihen Hand in Hand der ‚Gänsemutter' hinterher, jeder auf seinen ihm zugewiesenen Platz. Ja, das hätten die Lehrer in den Schulen wohl auch gern, doch die sitzen, in bestimmten Klassenstufen zumindest, vor halb leeren Reihen. Kuscheltierweitwurf ist nur auf Kommando erlaubt. Wenn die Jungs dann auf die Bühne kommen, stehen denen Spaß und Uneigennützigkeit geradezu ins Gesicht geschrieben. Und wenn's am schönsten ist, in Ohnmacht fallen. Etwas merkwürdig ist das schon mitanzuschauen. Sechzig Euro für zwei Stunden mittelmäßiger Show – für die Teenager eigentlich kein nennenswerter Betrag. Aber seien wir ehrlich – war's nicht damals bei Elvis, bei den Beatles, und wie sie alle hießen, ganz genauso?

Übung 19 *Was kritisiert der Leserbrief? Stelle die einzelnen Kritikpunkte stichwortartig heraus.*
▶ Lösung Seite 137

Übung 20 *Welche Haltung zu dem Konzert nimmt der zweite Text ein?*
▶ Lösung Seite 137

Übung 21 *Wie behandeln beide Texte die folgenden Aspekte des Ereignisses? Stelle in einer Tabelle die jeweiligen Formulierungen einander gegenüber.*
▶ Lösung Seite 138

KRITIKPUNKT	TEXT 1	TEXT 2
1) Kosten für das Konzert	„viel Geld"	„eigentlich kein nennenswerter Betrag"
2) Stars denken nur ans Geld		
3) Aufwand für das Konzert		
4) Gehorsam im Stadion		
5) unechte Gefühle, unerwiderte Liebe		
6) Qualität der Show		

Übung 22 *Beide Texte vertreten eine ähnliche Meinung. Warum ist der zweite vermutlich etwas angenehmer zu lesen?*
▶ Lösung Seite 138

Übung 23 *Suche neben den in der Tabelle aufgelisteten noch andere ironische Wendungen aus dem Text heraus.*
▶ Lösung Seite 138

Übung 24 *An einer Stelle in der Tabelle liegt auch in Text 2 keine Ironie vor.*
Um welche Stelle handelt es sich? Warum sagt der Verfasser hier, was er wirklich meint?
▶ Lösung Seite 139

Übung 25 *An welchen Stellen im Text sagt der Verfasser noch, was er wirklich denkt?*
▶ Lösung Seite 139

Übung 26 Verfasse eine eigene Glosse aus der Sicht eines betroffenen Vaters oder einer Mutter.
(Stell dir vor, deine Tochter hätte dich so lange genervt, bis du ihr einen kleinen Zuschuss für das Eintrittsgeld gegeben hast und sie bereitwillig in die über 50 km entfernte Stadt gefahren und sie dort in der Nacht auch wieder abgeholt hast …)

Zum folgenden Bericht sollten Schüler einer zehnten Klasse einen Kommentar und eine Glosse verfassen.

Skrupellos-gerissene Unwesen werden Tamagotchi-Nachfolger

Neuentwicklung löst Diskussionen aus / Gefahr für die Psyche?

VON KRISTIN PALITZA

Der japanische Spielzeughersteller Bandai hat zwei neue virtuelle Wesen erschaffen. Ein Monster und ein Dinosaurier erobern seit zehn Wochen die Herzen der Japaner. Bittere Konkurrenz für das Computerküken Tamagotchi (zu deutsch: liebliches Ei), das seit Ende vergangenen Jahres allein in Japan über zehn Millionen Mal verkauft wurde.

Das neue Spiel verursacht noch größere Hysterie

Anfang 1998 sollen die neuen virtuellen Haustiere auch in Deutschland auf den Markt kommen. Preis: etwa 30 Mark. Deutsche Händler bestellten bereits eine Million Exemplare. Der deutsche Name der Cybertiere ist noch geheim. Ziel des neuen Spiels ist, die virtuellen Unwesen zur Bösartigkeit zu erziehen. Musste das Tamagotchi noch gefüttert und gehätschelt werden, um ein gut erzogenes „Haustier“ heranzuziehen, gilt für die neueste Bandai-Kreation das Gegenteil: je gerissener und skrupelloser, desto besser. „Verstand soll über Kraft siegen“, beschreibt Marcus Abt, Bandai-Vertreter in Deutschland, das Konzept.

Die Unwesen, diesmal auf rechteckigem Bildschirm, können außerdem in Kontakt treten. Steckt man zwei verschiedenfarbige Spielzeuge aneinander, führen Monster und Dino Krieg. Sie kämpfen und bewerfen sich mit Steinen, bis der Verlierer aufgibt oder stirbt. Dann wird entweder ein neues Digitaltier aufgezogen oder das verletzte Wesen geheilt und für die Revanche trainiert.

Das neue Spiel hat in Japan noch größere Hysterie ausgelöst als sein Vorgänger. „Sogar ältere Damen prügeln sich um das letzte Spiel“, weiß Abt. Dino, Monster und Küken sind fast immer ausverkauft. In der Hoffnung, ein virtuelles Haustier zu ergattern, brechen Tamagotchi-Liebhaber in Geschäfte ein. Auch in Deutschland spielen sich ähnliche Szenen ab: Bandai-Mitarbeiter mussten Firmenschilder von ihren Autos entfernen. Die Wagen wurden sonst aufgebrochen. „Die Diebe waren nur am Tamagotchi interessiert. Handy und Laptop blieben liegen“, sagt Abt.

Der aggressive Nachfolger des Digital-Eis reagiert offenbar auf Tendenzen des Marktes. Besitzer fanden Spaß daran, ihre Küken nicht mehr zu pflegen, sondern verenden zu lassen. Daraufhin entbrannten heftige Diskussionen über mögliche, schädliche Einflüsse auf die Kinder-Psyche. Die Jungen und Mädchen könnten eine falsche Einstellung zu Leben und Sterben bekommen, hieß es.

„Es gibt keinen Grund zur Panik“, schwächt Dr. Wolfgang Droll, Obmann der Berliner Kinder- und Jugendpsychiater, die Vorwürfe ab. Höchstens auf Kinder mit bereits vorhandenen emotionalen Störungen könne sich das digitale Spielzeug negativ auswirken. „Das Tamagotchi ist ein Lernspiel. Es verdeutlicht Erziehung auf einfachster Ebene“, erklärt er. Kinder würden die Konsequenzen ihres Umgangs mit dem virtuellen Wesen vereinfacht und zeitlich verdichtet sehen und lernten so durch das Piepsen des Eis – Signale für Hunger oder Langeweile – kontinuierliche Pflichten in ihren Alltag einzubauen. „Kinder können sehr wohl zwischen realem Tier und Computertier unterscheiden“, sagt Droll. Nur im Alter von bis zu drei Jahren sei eine solche Differenzierung noch nicht möglich. Eltern müssten auch nicht besorgt sein, wenn ihr Kind sein Küken absichtlich verenden lasse. „Das ist kein Zeichen von Grausamkeit. Die Kinder verdrehen nur die Regeln eines Spiels.“ Extreme Tamagotchi-Fürsorge, wie die Einrichtung von Krankenstationen oder die Anstellung von Babysittern, seien hingegen bedenklich.

Der Tagesspiegel, 22.8.1997

Zunächst einige Aufgaben zum Inhalt des Artikels und zu möglichen Ansatzpunkten für Kommentar und Glosse:

Übung

Übung 27 *Worin besteht der Kern des Berichts?*
▶ Lösung Seite 139

Übung

Übung 28 *Was hältst du von den Tamagotchis allgemein? Besteht für dich ein Unterschied zu den ‚Kampf-Tamagotchis', von denen der Text berichtet?*

Übung

Übung 29 *Formuliere – unabhängig von deiner eigenen Meinung – je eine These, die für bzw. gegen die Kampf-Tamagotchis Stellung bezieht, als Grundlage für einen Kommentar bzw. eine Glosse.*
▶ Lösung Seite 139

Übung 30 Überlege dir für jede der beiden Positionen mögliche Gründe.
▶ Lösung Seite 139

Nun kannst du noch einmal die sprachlichen Mittel trainieren.

Übung 31 Stell dir vor, du möchtest die folgenden Ansichten öffentlich vertreten und Leser von dieser Meinung überzeugen. Du weißt aber, dass deine Meinung mehr Anhänger findet, wenn du sie nicht mit starrem Ernst, sondern humorvoll-ironisch vermittelst.
▶ Lösung Seite 139 f.

Versuche, die folgenden Meinungen in ironischer Form auszudrücken. Verwende dazu nicht nur das Mittel der Ironie selbst, sondern arbeite mit Übertreibungen, verschiedenen Satzarten (Fragen!), persönlichen Anreden an die Leser etc. Setze für jedes Beispiel ca. 2–3 Sätze an.

1) Die neuen Tamagotchis sind keine ‚Haustiere', sondern furchtbare Kampfmaschinen.
2) 30 Mark sind viel Geld für ein Spielzeug, das nach wenigen Wochen nicht mehr benutzt wird und in die Ecke fliegt.
3) Kampf-Tamagotchis machen die Kinder aggressiv.
4) Kinder und Erwachsene sind nach diesem Spiel süchtig und daher davor zu schützen.
5) Tamagotchis sind umweltschädlich.

Abschließend kannst du zwei Aufsätze aus einer zehnten Klasse miteinander vergleichen:

Diese kleinen Konsumidioten

Vor den Spielzeuggeschäften in Deutschland ist seit einiger Zeit viel zu beobachten. Man sieht gutmütige Mütter mit ihren Sprösslingen hineingehen und mit einem piepsenden Ding wieder herauskommen. Zu Hause heißt es dann für den kleinen Racker, er solle doch bitte sein Zimmerchen aufräumen. Man kann drei Stunden später wieder nach ihm gucken und es hat sich nichts geändert, denn das Kind sitzt und spielt weiter mit dem piepsenden Ding. Man kann ihn bitten, er solle doch bitte den Hund ausführen, der jaulend in der Ecke sitzt. Einige Stunden später hat der Hund sein Geschäft mitten auf dem Teppich gemacht.

Beim nächsten Elternsprechtag in der Schule erfahren die sonst so positiv denkenden Eltern, dass sich ihr kleiner Sprössling abkapselt, im Unterricht nicht aufpasst, Hausaufgaben oft nicht macht und nervös ist. Aber dem Lehrer fällt nebenbei noch auf, dass es bei mehreren aus der Klasse so sei.

Dieses piepsende Ding, worunter jeder ein Tamagotchi versteht, wurde allein in Japan zehn Millionen Mal verkauft. Dabei sind die Japaner in der Schule doch allgemein sehr strebsam. Doch wenn ihre Eltern ihnen aus der Fabrik ein Tamagotchi mitbringen, kann sich das auch auf die Psyche des Kindes auswirken.

Die gute Nebenwirkung bei einem Tamagotchi ist der wachsende Mutterinstinkt.

Aber mal ehrlich, die Japaner müssen doch verrückt sein – kleine, immer wieder geborene, piepsende Computer als Ersatz für ein Haustier zu schaffen!

Lesetext

Spielzeug der neuen Dimension

Endlich! Darauf hat die Welt schon lange gewartet. Kleine skrupellose und gefährliche Kampfdinos oder Kampfmonster werden bald in den Geschäften zu haben sein. Nicht mehr so langweilige Tamagotchi-Küken, die pünktlich nach dem Sandmann ins Bett müssen oder die man womöglich auch noch füttern muss. Das hat jetzt ein Ende. Unsere Kleinen werden zu knallharten Box- oder Karatetrainern, denn im alles entscheidenden Kampf zwischen dem Tamagotchi-Monster vom Banknachbarn in der Schule und dem eigenen hoch getrimmten Dino geht es ja um Leben und Tod. Aber was so klein anfängt, breitet sich womöglich aus. Ganze Weltmeisterschaften, wo dann der kleine Tommy vom Nachbarhaus mit einer ganzen Mannschaft erscheint und seine gerissenen Kämpfer in die Arena schickt, werden bestimmt in Bälde folgen, denn die Tamagotchi-Kämpfer wollen sich ja auch mit anderen aus anderen Ländern messen.

Trotzdem, die Tamagotchispielsucht hat auch Vorteile. In der U-Bahn zum Beispiel, die Kinder schreien nicht mehr oder trampeln laut, nein, jetzt sitzen sie in der Ecke und hetzen ihre Dinos aufeinander, und die Mama daneben feuert an.

Wie will man das noch stoppen? Womöglich mit einem Trainingslager oder Profitipps aus der Fanzeitung? Unendliche Möglichkeiten, aber warten wir erst einmal auf unsere neuen Freunde, ob es wirklich so atemberaubend wird, sie erst wochenlang großzuziehen und sie dann in fünf Minuten sterben zu sehen. Also, abwarten und Tee trinken, nein, nicht Tee trinken, gemeine Taktiken ausdenken.

Übung 32 Vergleiche die beiden Glossen, indem du die folgenden Teilaufgaben bearbeitest.

▶ Lösung Seite 140

- Welche Glosse geht auf den Kern des Berichts, die Kampf-Tamagotchis, ein?
- Was kritisieren die beiden Glossen?
- Wo wird ein Sachverhalt mit ironischen Mitteln angegriffen?
- Wo kommen ironische Mittel nicht genügend zum Einsatz? Verbessere diese Stellen.

Welche Glosse hältst du für gelungener?
Verfasse abschließend eine eigene Glosse zu dem Bericht.

1.4 Abschlussübung: ‚Nachricht – Kommentar – Glosse'

Heutzutage ist es für viele Jugendliche schwer, einen Ausbildungsplatz, vor allem im gewünschten Beruf, zu bekommen. Das hat verschiedene Ursachen und für die Betroffenen ist es kein leichtes Schicksal. Auf der anderen Seite wird von Politikern, Betrieben, Gewerkschaften und anderen allerhand unternommen, um mehr Ausbildungsplätze zu schaffen und den Jugendlichen gute Zukunftsaussichten zu geben.
Dieses Thema war auch Gegenstand eines Interviews, das eine Redakteurin der Zeitschrift CHANCE mit dem Bundesbildungsminister Rüttgers führte.
Lies dir dieses Interview zunächst sorgfältig durch.

Lesetext

„Die Flinte nicht ins Korn werfen“

Mehr als 275.000 Jugendliche, die eine Lehrstelle suchen, konnten bis Ende Juni noch nicht vermittelt werden – das sind über 14 Prozent mehr als im Vorjahr. Bei den freien Stellen ist es genau umgekehrt: Rund 111.000 Stellen sind noch unbesetzt, das sind fast neun Prozent weniger. So lautet die Lehrstellenbilanz der Bundesanstalt für Arbeit. Und was sagt der Bundesbildungsminister dazu?
CHANCE-Redakteurin Andrea Behnke hat Jürgen Rüttgers befragt.

CHANCE: Betrachtet man die Lehrstellenbilanz, die die Bundesanstalt für Arbeit vorgelegt hat, zeichnet sich folgendes Bild: Mehr Bewerberinnen und Bewerbern stehen weniger Ausbildungsplätze zur Verfügung. Erschüttert Sie das?

RÜTTGERS: Ja. Eine Gesellschaft, die jungen Menschen am Beginn ihres Arbeitslebens keine Chance gibt, ist keine menschliche Gesellschaft. Junge Menschen ohne Ausbildung sind morgen ohne Job. Deswegen müssen wir alle Hebel in Bewegung setzen, um die Situation am Lehrstellenmarkt zu verbessern. Ich kämpfe um jede Lehrstelle.

CHANCE: Was empfehlen Sie Abiturienten: Ist es überhaupt sinnvoll, sich um eine Lehrstelle zu bemühen, oder ist es besser, ein Studium aufzunehmen? Was halten Sie von der „Doppelqualifikation“, die früher als Erfolgsgarant galt?

RÜTTGERS: Die Entscheidung muss jeder selbst treffen, dafür kann es keine Patentrezepte geben. Ich finde es aber nicht gut, wenn Abiturienten vorsorglich einen Ausbildungsplatz „buchen“ und dann doch ein Studium aufnehmen. Wer seinen Lehrvertrag unterschreibt und dann im Anschluss doch studiert, der nimmt dem Klassenkameraden eine Lehrstelle weg. Eine Doppelqualifikation – erst Lehre, dann Studium – klingt gut, hat aber Haken: Ein Bankkaufmann, der an seine Lehre noch ein BWL-Studium anhängt, mag gegenüber anderen Studienanfängern einen Vorsprung haben. Aber dadurch wird man beim Studienabschluss älter sein als die Mitbewerber. Und man kann wichtige Berufserfahrungen auch während des Studiums machen, zum Beispiel durch Praktika.

CHANCE: Es gibt viele Initiativen, auch seitens der Politik, die Situation zu entschärfen. Sehen Sie es als realistisch, dass in diesem Jahr alle Bewerber eine Lehrstelle finden? Müssen wir uns in Zukunft auf eine schlechtere Lehrstellensituation einstellen?

RÜTTGERS: Die Situation am Lehrstellenmarkt ist nach wie vor unbefriedigend. Es wäre eine Katastrophe für unser Land, vor diesen Schwierigkeiten zu kapitulieren. Ich halte an dem Ziel fest, dass jeder ausbildungswillige Jugendliche eine Ausbildungschance bekommen muss. Wir können es auch in diesem Jahr wieder schaffen. Denn es gibt auch Ermutigendes: Mit Bundeswirtschaftsminister Rexrodt habe ich 5.000 Briefe an Großunternehmen geschrieben. Jetzt ist in vielen Unternehmen Ausbildung wieder Chefsache: Wir können davon ausgehen, dass die Großunternehmen in diesem Jahr ihr Lehrstellenangebot um vier Prozent, das sind 4.000 Ausbildungsplätze, steigern werden.

„Ich kämpfe um jede Lehrstelle“

CHANCE: Was schlagen Sie vor, um mehr Betriebe zur Schaffung von Ausbildungsplätzen zu bewegen? Stellt für Sie die „Ausbildungsplatzabgabe“ eine geeignete Lösung dar?

RÜTTGERS: Da gibt es eine Reihe von Maßnahmen. Wichtig dabei: Ausbilden muss sich für die Betriebe auch lohnen. Deshalb sollte der zweite Berufsschultag im zweiten und dritten Lehrjahr wegfallen und Ausbildungsbetriebe müssen von den Kammergebühren entlastet werden. Wir brauchen: Regelungen für mehr Lehrstellen in allen Tarifverträgen, sofortige Umsetzung der 14 neuen Ausbildungsberufe in Lehrstellenangeboten, gezielten Einsatz von Lehrstellenentwicklern in Betrieben, die von ausländischen Selbstständigen in Deutschland geführt werden – immerhin rund 250.000. Die Politik hat ihre Hausaufgaben gemacht: Seit 1. August gibt es 23 völlig neue Berufsbilder und über 50 modernisierte Ausbildungsberufe. Das ist der größte und schnellste Modernisierungsschub seit Inkrafttreten des Berufsbildungsgesetzes 1969.
Von einer Ausbildungsplatzabgabe halte ich nichts. Die schafft keine einzige neue Lehrstelle, sondern nur neue Bürokratie. Was soll daran gerecht sein, dass der Existenzgründer, der noch gar nicht ausbilden kann, der Großbank die Lehrlinge mitfinanziert?

CHANCE: Was können Sie Schulabgängern mit auf den Weg geben, die bisher noch keine Lehrstelle gefunden haben? Gibt es Nischen, in die Abiturienten schlüpfen können?

RÜTTGERS: Wer jetzt noch ohne Lehrstelle ist, sollte nicht die Flinte ins Korn werfen und nicht nur nach der Traumlehrstelle um die Ecke schielen. Mein Tipp: Neue Berufe sind neue Chancen. Allein die vier top-modernen Computerberufe seit August bringen nach den Ankündigungen der Wirtschaft schon in diesem Jahr 5.000 neue Lehrstellen.

Chance 8–9/1997

Übung 33 Unterstreiche die wichtigsten im Vorspann und im Gespräch genannten Fakten und schreibe sie stichwortartig heraus.
▶ Lösung Seite 140

Übung 34 Verfasse auf der Grundlage dieser Fakten eine Nachricht mittlerer Länge.
▶ Lösung Seite 140 f.

Übung 35 Welche der folgenden Sätze erscheinen dir als Meinung für einen Kommentar geeignet?
▶ Lösung Seite 141

a) Die Regierung tut zu wenig gegen die Jugendarbeitslosigkeit.
b) Der Bundesbildungs- und der Wirtschaftsminister haben 5.000 Briefe an Unternehmen geschrieben.
c) Wenn sie nur auf ihren Traumberuf warten, sind die Lehrstellenbewerber, die nichts gefunden haben, selber schuld.
d) Dass die Unternehmen viel zu wenig Ausbildungsplätze bereitstellen, ist unverantwortlich.
e) Die Betriebe haben neue Ausbildungsplätze zur Verfügung gestellt.
f) Die Schaffung neuer Ausbildungsberufe ist ein guter Schritt in die richtige Richtung.

Übung 36 *Verfasse einen Kommentar auf der Grundlage des Interviews und der Nachricht, die du in Übung 34 verfasst hast, unter einer der drei folgenden Überschriften:*

„Lehrstellenbewerber, gebt nicht auf!“
„Lehrstellennotstand – reichen die bisherigen Maßnahmen?“
„Ausbildungsplatzabgabe statt leerer Worte“

Übung 37 *Wenn du eine Glosse schreiben sollst (vgl. o., S. 14 f.), setzt das einen kritischen Standpunkt voraus. Zum Übungszweck gehen wir jetzt hier einmal davon aus, unabhängig von deiner persönlichen Meinung. – Was wären deiner Ansicht nach geeignete ‚Angriffspunkte' für die Glosse? Streiche die unpassenden Sätze aus.*
▶ Lösung Seite 141

a) Die Klagen von Lehrstellen-Bewerbern, die angebotene Stellen nicht annehmen, weil es sich nicht um ihren Traumberuf handelte, sind unglaubwürdig.
b) Der Minister ist unsympathisch.
c) Die Worte des Ministers, die Jugendlichen sollten die Flinte nicht ins Korn werfen, sind nett gemeint, wirken aber auf lehrstellensuchende Jugendliche wie Hohn.
d) Lehrstellensuche durch Briefeschreiben ist für die Möglichkeiten eines Ministers nicht angemessen und wirkt lächerlich.
e) Wer eine Lehrstelle gefunden hat, kann froh sein.
f) Das zahlenmäßige Verhältnis von Suchenden und Angebot sagt alles über die wirkliche Situation.

Übung 38 *Verfasse eine Glosse zu einer der übrig bleibenden Meinungen.*

2. Die Reportage

2.1 Die Anforderungen

Marc ist für die Schülerzeitung mit der Fußballmannschaft der Schule zur Endausscheidung auf Landesebene gefahren. Natürlich ist klar, was seine Mitredakteure von ihm erwarten: einen ausführlichen und spannenden Bericht, möglichst vom Endspiel mit Beteiligung der eigenen Mannschaft. Als Marc zurückkommt, sind die Redaktionsmitglieder gleich doppelt enttäuscht. Zum einen ist das Team der Schule nicht bis ins Endspiel gekommen, doch das ist natürlich nicht Marcs Schuld; aber auch der Artikel, den Marc geschrieben hat, gefällt den anderen nicht besonders:

„Wie schon 1996 wurde auch in diesem Jahr die Mannschaft der Robert-Koch-Schule aus Bad Weilersdorf wieder Landesmeister im Fußball der Jungen in der Sekundarstufe I. In einem guten Spiel schlugen sie die Mannschaft des Gymnasiums Nordstadt aus Helmbrechtshofen mit 2:1. Das Siegtor schoss Jürgen Gerber allerdings erst fünf Minuten vor Spielende.
Unsere Jungs kamen trotz der aufmerksamen Betreuung von Herrn Heckner nur bis ins Viertelfinale. Dort war das Team von der Ottmarshausener Rats-Schule einfach zu stark und gewann mit 3:1.
Da können wir nur sagen: Schade. Aber im nächsten Jahr werden wir bei der Endausscheidung hoffentlich wieder mit von der Partie sein."

Bianca ist mit dem Artikel überhaupt nicht zufrieden: „Total langweilig."
„So wie das geschrieben ist, werden die meisten nach dem ersten Satz aufhören zu lesen … Dass unsere es nicht bis ins Endspiel geschafft haben, weiß sowieso fast jeder. Da hätten sie dann vielleicht doch andere Sachen interessiert", ergänzt Jörg.
„Was denn?", fragt Marc zurück.
„Na, wie es zu der Niederlage kommen konnte. Was der Trainer sagt, was die Spieler, ‚Bomber' Fischer zum Beispiel, der reißt seine Klappe ja immer recht groß auf, wenn ein Spiel bevorsteht."
„Du solltest halt eine Reportage schreiben, vom Spiel und vom ganzen Drumherum", erklärt Bianca.
„Verstehst du, so ein Bericht, wie du ihn geschrieben hast, ist ganz gut als Zusammenfassung der Ereignisse, wenn man sich schnell über die wichtigsten Dinge informieren will, aber von einer Reportage wird mehr erwartet."

„Die sollte noch interessant sein, selbst wenn man das Ergebnis schon kennt."

Übung 39 *Was bemängeln die Schülerzeitungsredakteure an Marcs Artikel?*
▶ Lösung Seite 141

Übung 40 *Warum möchten sie für ihre nächste Ausgabe keinen Bericht, sondern eine Reportage haben?*
▶ Lösung Seite 141

Übung 41 *Was erwarten sie von einer Reportage?*
▶ Lösung Seite 141

Übung 42 *Die Erwartungen, die sie Marc gegenüber äußern, sind recht allgemein gehalten. Kannst du etwas genauer ausdrücken, was sie damit meinen?*
▶ Lösung Seite 141

Übung 43 *Versuche, Marcs Bericht so umzuschreiben, dass er mehr den Vorstellungen von Bianca und Jörg entspricht. (Dazu benötigst du mehr Hintergrundinformationen, die du dir ausdenken kannst.)*
▶ Lösung Seite 141 f.

Anders als ein Bericht versucht eine Reportage, lebendig und anschaulich über einen Sachverhalt zu informieren. Der Verfasser hebt dabei hervor, was er an dem berichteten Ereignis für besonders wichtig hält oder wovon er glaubt, dass es die Leser besonders interessiert. Um die Reportage besonders lebendig erscheinen zu lassen, werden die eigentlichen Fakten der Nachricht mit persönlichen Erlebnissen und Beobachtungen verbunden. Das ist interessanter zu lesen und gibt dem Leser in etwa das Gefühl, bei dem Berichteten selbst dabei gewesen zu sein.

2.2 Nachricht und Reportage

Im Folgenden findest du eine kurze Nachricht und eine Reportage zum selben Thema, nämlich der Schadensregulierung nach einer Hochwasserkatastrophe an der Oder in Brandenburg, bei der es zu großen Schäden gekommen war.

Lesetext

Großzügige Schadensregulierung zugesagt

Auch Versicherte ohne Hochwasserversicherung dürfen hoffen

Frankfurt. Eine großzügige Regulierung der durch die Hochwasserkatastrophe vom Juli und August entstandenen Schäden hat der Verband der Versicherungswirtschaft gestern angekündigt. Auch Versicherte, die in den letzten zwei Jahren ihre Wasserschadensversicherung gekündigt haben, können nach dieser Ankündigung mit Schadenserstattung rechnen.

Auf einer Pressekonferenz in Frankfurt teilte der Sprecher des Verbandes der Versicherungswirtschaft (VVW), Hermann Kemper, gestern mit, die einzelnen Unternehmen würden jetzt Vertreter in die Krisenregion an der Oder entsenden, die die Schäden aufnehmen. „Jeder Versicherte, der sich bei einem der unserem Verband angeschlossenen Büros gemeldet hat, wird demnächst Besuch von einem Sachverständigen erhalten. Dieser hat die Aufgabe, den durch die Wassermassen entstandenen Schaden aufzunehmen und über die mutmaßliche Regulierung zu informieren."

Dabei können auch solche Versicherte auf Ersatzleistungen hoffen, deren Hochwasserversicherung während der letzten zwei Jahre nach geändertem Recht aus der Hausratsversicherung gestrichen wurde und die keine gesonderte neue Versicherung abgeschlossen haben.

So können die Bewohner der Ziltendorfer Niederung und des Oderbruchs mit Zuversicht an die Aufräumarbeiten gehen, die jetzt beginnen können, nachdem der Pegelstand der Oder wieder sinkt.

Lesetext

Hoffentlich gut versichert – in Ziltendorf die letzte Hoffnung

Nach der Flut kommen nun die Schadensregulierer
in die überschwemmten Häuser

Ziltendorfer Niederung: Nach einem wuchtigen Tritt schwingt die Wohnungstür auf. „Kommen Sie ruhig rein, hier können Sie nichts mehr schmutzig machen", sagt Adolf Latocha und bittet in seine Wohnung. Modriger Gestank verschlägt den Atem. Unter den Gummistiefeln schwabbelt der nasse Teppichboden. Die Couchgarnitur durchtränkt mit ekliger Oderbrühe. Im Schrank durchweichte Dokumente. Die Tapeten nass und in Fetzen. Grüngrauer Schimmel an der Wand. Für Detlef Mewes ist die Sache klar: „Totalschaden", sagt er nach einem Rundgang durch die von Hochwasser verwüstete Wohnung des 70-jährigen Latocha.

Mewes ist Schadensregulierer bei der Allianz-Versicherung. Gestern waren die Versicherungsvertreter gern gesehene Besucher in der Ernst-Thälmann-Siedlung. Sie begutachten und schätzen die Hochwasserschäden und verteilen bei Bedarf auch gleich Schecks. Rund 50.000 Mark hat Mewes allein an den ersten Tagen an Kunden, die noch aus DDR-Zeiten gegen Hochwasserschäden versichert sind, ausgereicht. Nach dem Besuch in der Thälmann-Siedlung dürfte diese Summe erheblich steigen.

„Die Couch war erst ein halbes Jahr alt, die Auslegware neu. Wir haben erst vor kurzem renoviert." Adolf Latocha ist verzweifelt. Der alte Mann sieht zum ersten Mal nach der Flut sein Haus wieder. Seiner Frau hat er den Anblick der verwüsteten Wohnung noch erspart. Als die Polizei die Evakuierung durchsetzte, konnten sie nur das Nötigste zusammenraffen und zur Tochter nach Eisenhüttenstadt flüchten. Jetzt denkt Latocha an die Rückkehr: „Ich bin auf dem Land aufgewachsen, wohne seit 1948 in diesem Haus, da kann ich doch nicht alles stehen lassen und davonlaufen."

So wie Adolf Latocha denken wohl die meisten in der Thälmann-Siedlung. Noch steht brackiges Wasser in den Straßen. Die Gärten sind mit schleimigem Morast überzogen. An den getünchten Wänden hat die braune Flut ihren Pegel gezeichnet. Fäulnisgeruch liegt über der ganzen Niederung. Tausende Mücken surren durch die Sommerhitze. Die Luft steht. Die Menschen aber arbeiten.

Günter Jordan kämpft tapfer mit den Tränen, während er schimmelige Tapetenfetzen von der Wand reißt. Doch immer wieder überwältigen ihn seine Gefühle. „Ich geh hier nicht weg und wenn ich jede Stufe einzeln renovieren muss." Seit 1948 lebt er in der Thälmann-Siedlung. „Das Haus haben meine Frau und ich mit den eigenen Händen gebaut ..."; wieder versagt die Stimme des alten Mannes. Seine Frau, erzählt er später, ist vor zwei Jahren an Krebs gestorben. Jetzt bleibt ihm nur noch das Haus. Auch Jordan wartet auf den Allianz-Vertreter. „Hoffentlich bin ich auch wirklich gegen Hochwasser versichert." Verunsichert blickt er über den feuchten Haufen Sperrmüll, der einst seine Einrichtung war und jetzt in der heißen Sommersonne vor dem Haus ausdampft. Bei einer ersten Aufstellung der beschädigten Gegenstände ist Jordan auf über 21.000 Mark gekommen. Viel Geld für einen Rentner. Zu viel.

Allianz-Mann Mewes ist inzwischen bei Margot Meyer eingetroffen. Die rüstige 77-Jährige ist fest entschlossen, sich vom Hochwasser nicht unterkriegen zu lassen. Doch auch ihr Haus ist hin. Der Parkettboden im Flur wubbelt wie der Wackelboden in einem Spukhaus. Das alte Schlafzimmer – ein schon beinahe antikes Erbstück der Eltern – ein Raub der Fluten. „In nur einer halben Stunde mussten wir raus, mit etwas mehr Zeit hätten wir alles nach oben schleppen können", kritisiert auch sie die übereilte Evakuierung der Niederung. Jetzt ist ihr Inventar ein Fall für die Versicherung.

In Mewes Kopf muss es aussehen wie in einem Versandhauskatalog. Problemlos rattert er die Preise für Kühlschränke, je nach Modell versteht sich, Zwiebelmuster-Geschirr, selbst Handtücher oder Kleidung herunter. „Nur bei einem Kartoffeldämpfer aus den 50er Jahren musste ich passen", erzählt Mewes. Für ihn und seine Kollegen ist die möglichst genaue Schadensermittlung vor Ort auch ein Stück „Be-

rufsethik, schließlich bin ich seit 1982 bei der Versicherung“, erzählt Mewes, der aus Halle zur Verstärkung des Versicherungsteams in die Oderregion abkommandiert wurde. „Wenn man ein Möbelstück in seiner Wohnung hat und noch benutzt, dann gilt im Prinzip Neuwert“, erklärt er. Nur bei älteren Elektrogeräten wird der Zeitwert vergütet. „Wir sind hier, um schnell zu helfen“, sagt Mewes. Sollten noch weitere Kosten – etwa bei der Beseitigung der Bauschäden – auftreten, werde nachvergütet.
Auch Margot Meyer wird ihr Haus wieder aufbauen. Vielleicht zu Weihnachten, wahrscheinlich aber erst nächstes Jahr Pfingsten soll das Haus wieder bewohnbar sein. Dennoch ist sie optimistisch: „Ich habe sechs Jahre Krieg mitgemacht, da werde ich auch das hier überleben.“

Märkische Oderzeitung, 14.8.1997

Vergleiche Nachricht und Reportage, indem du die folgenden Aufgaben bearbeitest.

Übung 44 *Welche allgemeinen Unterschiede fallen dir auf? Was steht inhaltlich im Mittelpunkt der Nachricht, was im Mittelpunkt der Reportage?*
▶ Lösung Seite 142

Übung 45 *Versuche, für die Reportage eine andere Überschrift zu finden.*
▶ Lösung Seite 142

Übung 46 *Gliedere die Reportage in inhaltliche Abschnitte und gib ihnen Überschriften. Kannst du eine bestimmte Abfolge im Aufbau der Reportage erkennen?*
▶ Lösung Seite 142

Übung 47 *Die Reportage wirkt im Vergleich zur Nachricht lebendiger. Erkläre allgemein und anhand des Beispieltextes, wie das erreicht wird.*
▶ Lösung Seite 143

Übung 48 *Finde weitere Beispiele für den reportagetypischen Satzbau und die entsprechende Wortwahl.*
▶ Lösung Seite 143

2.3 Stilmittel der Verlebendigung

Die Reportage erreicht ihre lebendige, anschauliche Wirkung durch Abwechslung im Satzbau, den Einsatz von Zitaten und wörtlicher Rede, einer besonderen Sichtweise auf das Geschehen (Perspektivik) und einer abwechslungsreichen Wortwahl. Diese Stilmittel wirst du nun im Einzelnen kennen lernen und Gelegenheit haben, sie zunächst einzeln und dann im größeren Zusammenhang zu trainieren.

2.3.1 Satzbau

„Durch die Flut wurden 135 Häuser zerstört."

„Allein in Ziltendorf zerstören die Fluten der Oder 135 Häuser."

Übung 49 Beschreibe die inhaltlichen und grammatischen Unterschiede beider Sätze, die sich auf dasselbe Ereignis beziehen. Welche Wirkung ist mit der unterschiedlichen Gestaltung der Sätze verbunden?

▶ Lösung Seite 143

Übung 50 Forme folgende eher nachrichtentypische Sätze nach dem vorgegebenen Beispiel um in Sätze, die für eine Reportage geeigneter sind:

▶ Lösung Seite 143 f.

1) Die helfenden Soldaten wurden von der Bevölkerung verabschiedet.
2) Schäden entstanden vor allem an den älteren Häusern.
3) Die Bürger wurden nach Eisenhüttenstadt evakuiert.
4) Viele Menschen sind verunsichert, ob die Versicherung ihre Schäden übernehmen wird.

Vergleiche auch die folgenden Beispiele:

„Die Couchgarnitur ist von Wasser vollgesogen. Im Schrank liegen nasse Dokumente. Auch die Tapeten sind nass geworden."

„Die Couchgarnitur durchtränkt mit ekliger Oderbrühe. Im Schrank durchweichte Dokumente. Die Tapeten nass und in Fetzen."

Übung 51 Beschreibe die unterschiedliche Wirkung der beiden Textauszüge.

▶ Lösung Seite 144

Übung 52 Wie hat die Reportage die eher berichtenden Sätze des ersten Textes umgeformt?

▶ Lösung Seite 144

Übung 53 Forme die folgenden Sätze um. Versuche dabei in einem mehrere Hauptsätze aneinander reihenden Stil (→ Parataxe) zu schreiben. Erprobe die Möglichkeit von verkürzten oder prädikatlosen Sätzen.

▶ Lösung Seite 144

1) Die Soldaten waren Tag und Nacht im Einsatz, um die Säcke zu stapeln. Am Ende der Schicht war jeder vollkommen erschöpft. In ihren Unterkünften schliefen sie sofort ein.
2) Als der Rentner Georg Beerfeld sein Haus betrat, traute er seinen Augen nicht. Die Flut hatte das gesamte Erdgeschoss verwüstet. Die Schränke waren vom Wasser aufgequollen und sind nicht mehr zu gebrauchen, was natürlich auch zum größten Teil auf en Inhalt zutrifft.
3) Überall, wohin der Versicherungsvertreter kommt, wird er mit großen Erwartungen empfangen, denn für die Rentner in der Siedlung, die oft alles verloren haben, ist er die letzte Hoffnung.
4) Viele Menschen trauten sich nicht, zu den Hilfsorganisationen zu gehen und nach Unterstützung aus Spendengeldern zu fragen, weil sie sich schämten, als verarmt und eine Art Bettler zu erscheinen. So mussten die Vertreterin des DRK und andere Beauftragte in die Siedlung fahren um ihrerseits nachzuforschen, wo Not am Mann war.

ACHTUNG: Der parataktische und verkürzte Satzbau ist zwar ein Stilmittel der Reportage, darf aber (wie jedes einzelne Mittel) nicht überstrapaziert werden, da der betreffende Text sonst etwas gekünstelt und aufgesetzt wirken kann. Setze dieses Stilmittel nur an besonders geeigneten, ‚dramatischen' Stellen ein.

2.3.2 Zitate und wörtliche Rede

Vergleiche folgende Sätze:

„Die Spendengelder werden in Zusammenarbeit mit dem Gemeinderat verteilt."

„Das Geld sollte nicht ohne den Rat der Gemeindevertreter an die Betroffenen ausgegeben werden: ‚Wir kennen genau den Grad der Hochwasserschäden und wissen, wer das Geld am dringendsten braucht.'"

Übung 54 Beschreibe die Wirkung des Zitats im zweiten Beispiel.
▶ Lösung Seite 144

Übung 55 Forme die wörtliche Rede in die indirekte Rede um.
▶ Lösung Seite 144

Übung 56 Bearbeite in ähnlicher Weise wie beim Beispiel die folgenden Sätze. (Passende Zitate musst du dir ausdenken.)
▶ Lösung Seite 145

1) Die Versicherungsvertreter vor Ort leisteten harte Arbeit.
2) Die Bevölkerung von Ziltendorf war den Hilfe leistenden Soldaten sehr dankbar.
3) Die Polizei hat nach Ansicht der Bewohner der Siedlung die Evakuierung zu schnell und rücksichtslos durchgesetzt.
4) Frau Meyer will ihr Haus auf jeden Fall wieder aufbauen.

2.3.3 Die Sichtweise (Perspektivik)

Vergleiche die beiden Textauszüge:

Lesetext

„Um die Regulierung des entstandenen Schadens bemüht, bereisten zahlreiche Vertreter der großen Versicherungsgesellschaften das Gebiet in der Ziltendorfer Niederung. Die Betroffenen mussten sich in den Büros der Bezirksdirektion melden, woraufhin der Sachbearbeiter zu ihnen nach Hause kam, den Schaden registrierte und über die mutmaßliche Versicherungsleistung Auskunft gab. Für ein benutztes Möbelstück soll der Neuwert ersetzt werden, für ältere Elektrogeräte allerdings nur die Hälfte."

„Nach einem wuchtigen Tritt schwingt die Wohnungstür auf. ‚Kommen Sie ruhig rein, hier können Sie nichts mehr schmutzig machen', sagt Adolf Latocha und bittet in seine Wohnung. Modriger Gestank verschlägt den Atem. Unter den Gummistiefeln schwabbelt der nasse Teppichboden. Die Couchgarnitur durchtränkt mit ekliger Oderbrühe. Im Schrank durchweichte Dokumente. Die Tapeten nass und in Fetzen. Gründgrauer Schimmel an der Wand. Für Detlef Mewes ist die Sache klar: ‚Totalschaden', sagt er nach einem Rundgang durch die vom Hochwasser verwüstete Wohnung des 70-jährigen Latocha."

Übung

Übung 57 *Formal sind beide Texte in der 3. Person, der so genannten „Er-Perspektive", geschrieben. Dennoch unterscheidet sich die Sichtweise (Perspektivik) erheblich.*
Welche Sicht wird im ersten, welche im zweiten Text eingenommen? Welche Wirkung ist damit verbunden?
▶ Lösung Seite 145

Übung

Übung 58 *Warum kann eine Nachricht nicht durchgehend aus der Sicht einer der am jeweiligen Geschehen beteiligten Personen verfasst werden?*
▶ Lösung Seite 145

Übung

Übung 59 *Aus welchen Gründen ist es in einer Reportage zulässig und üblich, eine Sichtweise einzunehmen, die einer der am Geschehen beteiligten Personen entspricht?*
▶ Lösung Seite 145

Übung

Übung 60 Forme die folgenden zwei Textauszüge um in Texte mit personaler Berichtsperspektive. (Dein Text sollte dann etwas länger sein als das jeweils vorgegebene Beispiel; zusätzliche Angaben und Informationen musst du dir gegebenenfalls ausdenken.)

▶ Lösung Seite 145 f.

1) Die Soldaten schichteten in sieben Tagen und Nächten Zehntausende von Sandsäcken zu einem künstlichen Deich auf. Dabei waren die Arbeitenden nicht nur von Erschöpfung gezeichnet, sondern es gab auch Spaß, und es herrschte Kameradschaftsgeist. Dass die Barriere gegen das Wasser gehalten hat, freut die Soldaten vermutlich ebenso sehr wie die Bevölkerung. Trotz der insgesamt guten Stimmung werden die meisten von ihnen aber froh sein, wenn sie in einer Woche wieder an ihren Heimatstandort zurückkehren können.
2) Die Soldaten wurden von der Bevölkerung mit einem großen Fest auf dem Messegelände freundlich verabschiedet. Zu dem Fest kam ein Großteil der Wiesenauer Bevölkerung. Es fand ein Fußballspiel des einheimischen Teams gegen eine Auswahl der Soldaten statt, für das leibliche Wohl sorgte eine Gulaschkanone, und abends gab es eine richtige Fete mit Musik und Tanz.

Info

Die personale Perspektive im Bericht ist eine Mischung aus sachlich-distanziertem Berichten und persönlich erlebtem Erzählen. Äußerlich wird die 3. Person beibehalten, inhaltlich aber die Sicht einer oder mehrerer am Geschehen beteiligter Personen eingenommen. Dadurch sollen beim Leser Anteilnahme und der Eindruck von Unmittelbarkeit erreicht werden. Damit entspricht sie in etwa der personalen Erzählperspektive bei erzählenden Texten.

2.3.4 Wortwahl

Da die Reportage, wie du schon in den vorangegangenen Absätzen gesehen hast, auf Spannung (nicht in jedem Fall gleichzusetzen mit *action*) und Miterleben zielt, spielt die Wortwahl eine große Rolle. Du solltest, ähnlich wie du es zu den verschiedenen Formen des Erzählens in vergangenen Klassenstufen gelernt hast, besonders auf *Abwechslung* sowie *Lebendigkeit* und *Anschaulichkeit* in deiner Wortwahl achten. Das gilt prinzipiell für alle Wortarten. An je zwei Beispielen aus der Reportage soll dir der Unterschied von herkömmlichem und lebhaft-anschaulichem Sprechen klar werden:

die Wohnungstür *geht* auf	– die Wohnungstür *schwingt* auf
er *zählt* die Preise *auf*	– problemlos *rattert* er die Preise *herunter*
mit *dickem* Oderschlamm	– mit *ekliger* Oderbrühe
mit einer *geschlossenen Schicht*	– mit *schleimigem* Morast überzogen
unangenehmer Geruch liegt …	– *Fäulnisgeruch* liegt über der ganzen Siedlung
in der *Sonne*	– in der heißen *Sommersonne* vor dem Haus

Übung 61 Suche aus der Reportage „Hoffentlich gut versichert" Beispiele anschaulicher Wortwahl heraus und stelle dem die entsprechenden alltagssprachlichen Wörter gegenüber.

▶ Lösung Seite 146

Übung 62 Versuche nun umgekehrt, andere Wörter und Wortgruppen aus dem Text in anschaulicher Weise umzuformen.

▶ Lösung Seite 146

2.4 Aufbau der Reportage

Vergleiche den Aufbau von Nachricht und Reportage am Beispiel der beiden Texte zur Schadensregulierung nach der Hochwasserkatastrophe.

Übung 63 Stelle den Aufbau von Nachricht und Reportage stichwortartig in Tabellenform nebeneinander.

▶ Lösung Seite 147

Übung

Übung 64 *Eine Nachricht wird selten mit einem Einzelfall beginnen, eine Reportage dagegen häufig. Warum wohl?*

▶ Lösung Seite 147

Übung

Übung 65 *Neben der Darstellung von persönlichen Schicksalen präsentiert auch die Reportage sachliche Information. An welchen Stellen ist das im Beispieltext konkret der Fall?*

▶ Lösung Seite 147

Übung

Übung 66 *Der Kern der sachlichen Information steht bei der Reportage entweder in der Mitte oder sogar erst gegen Ende des Textes. Warum ist das oftmals so?*

▶ Lösung Seite 147

Übung

Übung 67 *Vergleiche das Ende von Nachricht und Reportage. Warum bietet es sich an, die Reportage mit einem persönlichen Beispiel anstatt z. B. mit einer allgemeinen Schlussfolgerung zu beenden?*

▶ Lösung Seite 147

Übung

Übung 68 *Schreibe einen eigenen Schluss für die Reportage „Hoffentlich gut versichert".*

▶ Lösung Seite 147

2.5 Übung: Das Verfassen einer Reportage

Im Folgenden findest du einen mittellangen Zeitungstext, der sich mit der aktuellen Lehrstellensituation und den Schwierigkeiten, einen Ausbildungsplatz zu bekommen, auseinander setzt. Lies ihn dir zunächst sorgfältig durch, unterstreiche dir wichtig erscheinende Stellen oder notiere dir ein paar Stichworte dazu.

Lesetext

Erneute Bewerbung für die Lehrstelle lohnt jetzt

Ein Sonderprogramm von Bund und Ländern wird gestartet

Noch suchen etwa 10.000 Lehrlinge in Berlin und Brandenburg eine Lehrstelle. Das wird sich in den kommenden Wochen deutlich ändern, hofft das Landesarbeitsamt.

Bis zum Schuljahresende hatten sich viele Firmen noch nicht entschieden, ob und wie viele Jugendliche sie ausbilden werden. Jetzt ist Bewegung in die Lehrstellenvergabe gekommen. Sogar in interessanten Berufen wie den klassischen kaufmännischen lohnt sich eine erneute Bewerbung, meint Manfred Roosch von der Abteilung Berufsberatung im Landesarbeitsamt. Jugendliche, die sich mehrfach beworben haben, sagen nun ab. Betriebe haben genauer geplant. Nur bei den Bankkaufleuten wird über Bewerbungen schon sehr frühzeitig entschieden (Ein Tipp für die jetzigen zehnten Klassen!).

Mittlerweile gibt es kaum mehr Berufe, die geringer nachgefragt werden. Früher waren beispielsweise Bäcker und Fleischer beinahe noch sichere Tipps. Heute nimmt man hier auch nicht mehr jeden, hat allerdings noch einige freie Stellen. Bei den neuen Berufen gibt es noch wenig Chancen. So sind die neun Lehrstellen für Mediengestalter oder die zwölf Lehrstellen für Systemelektroniker längst vergeben. Hier steigt erst in den nächsten Jahren das Angebot.

Zuschüsse

Zurzeit fehlt noch ein genauer Lehrstellenüberblick im Handwerk, denn dort laufen die Bewerbungen recht spät. Den erwartet das Landesarbeitsamt Ende September. Anfang September beginnt das reguläre Ausbildungsjahr. Ende August startet das Sonderprogramm von Bund und Ländern, mit dem noch über 2.000 Lehrstellen geschaffen werden sollen. Etwa 500 Stellen davon entstehen bei berufsbildenden Schulen, die anderen in Betrieben, die dann teilweise aus Bundesmitteln finanziert werden. Der Lehrvertrag wird auch nicht allein mit dem Ausbildungsbetrieb abgeschlossen, sondern meistens über einen anderen Träger, der die Verantwortung übernimmt. Diese Stellen hat der Senat noch nicht bewilligt. Ab Ende August soll aber vermittelt werden.

Der Tag des Ausbildungsplatzes am 18. Juni hat zwar viel Aufmerksamkeit in den Medien gefunden, brachte aber nicht den erwarteten Erfolg. So wurden in Berlin 2.485 Betriebe besucht und dabei für 1997 266 und für 1998 181 Ausbildungsstellen gefunden. Nebeneffekt: 195 zusätzliche Arbeitsstellen. In Brandenburg gab es 2.633 Betriebsbesuche mit 479 neuen Ausbildungsstellen für 1997 und 252 für 1998. Außerdem spürte man 494 Arbeitsstellen auf.

Mehr Schulabgänger

Das Landesarbeitsamt rät den Jugendlichen, die noch eine Lehrstelle suchen, sich gerade jetzt nicht entmutigen zu lassen. Bei einem durchschnittlichen Zeugnis reichen bis zu fünf Bewerbungen kaum aus, um erfolgreich zu sein. Wenn man beispielsweise auch in kleineren Betrieben persönlich nachfrage, könne es durchaus sein, dass man dort vielleicht doch noch eine Lehrstelle einrichte. Auch wäre mehr Mobilität eine Alternative. Doch man muss schon relativ weit wegziehen, um Erfolg zu haben. So ist die Lehrstellensituation in Bayern, Nordrhein-Westfalen, Rheinland-Pfalz oder Baden-Württemberg nicht so angespannt wie hier. Auch gibt es dort Berufe, die hier weniger bekannt sind.

Schließlich ist ein höherer Schulabschluss auch eine Alternative.

Wer die Voraussetzungen hat, sollte darüber nachdenken, empfiehlt Herr Roosch. Das betrifft jetzt eher die Schüler der zehnten Klassen, denn im nächsten Jahr steigt die Zahl der Schulabgänger weiter.
Wer in den nächsten Wochen nichts findet, kann seine Kenntnisse in berufsvorbereitenden Bildungsmaßnahmen vervollkommnen. Er erhält ein Jahr lang in den gewünschten Berufsfeldern praktischen und theoretischen Unterricht. Das erhöht die Chancen in der nächsten Bewerbungsrunde. gg

Berliner Zeitung, 13.8.1997

Übung

Übung 69 *Zunächst einige Fragen zur Sicherung des Textverständnisses:*

▶ Lösung Seite 148

- Warum lohnt es sich nach den Angaben des Arbeitsamtes wieder, sich um eine Lehrstelle zu bewerben?
- Bei welchen Berufen sollte man sich aus welchen Gründen möglichst frühzeitig bewerben?
- Welches Ergebnis brachte der ‚Tag des Ausbildungsplatzes'?
- Was wird von Bewerbern um eine Lehrstelle zunehmend erwartet?
- Was wird den nicht erfolgreichen Bewerbern empfohlen?

Übung

Übung 70 *Welche Personen/Personengruppen werden in dem Artikel genannt?*

▶ Lösung Seite 148

Übung

Übung 71 *Wenn du einen stärker atmosphärischen Eindruck von der Lehrstellensuche und allem, was damit zusammenhängt, geben möchtest, unter welchen Aspekten oder genaueren Fragestellungen würdest du das Thema angehen? (Die beteiligten Personen[gruppen] können dazu ein guter Anhaltspunkt sein.)*

▶ Lösung Seite 148

Übung

Übung 72 *Verfasse auf der Grundlage des Zeitungsberichts eine Reportage (1,5 bis 2 Seiten) zu einem der von dir aufgestellten Themen.*

2.6 Analyse und Verbesserung einer Klassenarbeit zum Thema ‚Reportage'

Martin hatte die Aufgabe, in einer Klassenarbeit auf der Grundlage des folgenden Zeitungsberichts „Nasse Nacht für Berlins Feuerwehr", eine Reportage zu schreiben. Lies dir zunächst den Bericht und den Aufsatz durch.

Lesetext

Nasse Nacht für Berlins Feuerwehr

Absperren und pumpen: Der Dauerregen überflutete Straßen und Keller/Nahverkehr gestört

BERLIN (jmn). Land unter in der Hauptstadt. Der erste richtige Wolkenbruch des Jahres setzte Teile Berlins unter Wasser. Keller, U-Bahn-Schächte und Autotunnel liefen voll, Straßen wurden unterspült. An der Moltkebrücke in Tiergarten wurde eine zehn Meter unterhalb des Spree-Wasserstandes liegende Baustelle überflutet. Die Pumpen konnten die heranströmenden Wassermassen nicht mehr bewältigen. Öl und Diesel seien ausgelaufen, teilte die Feuerwehr mit. Undichte Dächer waren da für viele noch das geringste Problem. Am unglücklichsten traf es die Bewohner eines Hauses in der Friedenauer Görresstraße. Als sich dort gegen 23 Uhr eine angrenzende Baugrube langsam mit Regen aufgefüllt hatte und das Wasser in die Fundamente des Gebäudes geströmt war, sperrte die Bauaufsicht das Areal, und die Mieter mussten bei Bekannten unterkommen.

Der Tagesspiegel (1996)

Lesetext

Nasse Nacht für Berlins Feuerwehr

Ich befinde mich hier an der Moltkebrücke in Tiergarten, einem Stadtteil der Hauptstadt Berlin.

Die zehn Meter unterhalb des Spree-Wasserstandes liegende Baustelle ist von den gewaltigen Wassermassen überflutet worden ... Sogar die Pumpen schaffen es nicht, dieses Wasserspektakel zu bewältigen. Öl und Diesel sind ebenfalls ausgelaufen, wie uns die Feuerwehr vorhin mitteilte.

Für viele Hausbewohner sind die undichten Dächer das geringste Problem.

Ich möchte nicht an der Stelle der Feuerwehr oder der Hausbewohner sein, denn es regnet aus allen Wolken, und es ist furchtbar finster. Da kann man doch froh sein, wenn man ein Dach über dem Kopf hat. Doch dies können sich die Bewohner eines Hauses in der Friedenauer Görresstraße nur wünschen, denn Herr Schnabel berichtete uns: „Gegen 23 Uhr hatte sich eine angrenzende Baugrube langsam mit Regen aufgefüllt, und nun ist das Wasser in die Fundamente geströmt."

Bei diesen Worten zitterte er immer noch, denn der 74-jährige Herr Schnabel muss nun, wie auch seine anderen Mitmieter, bei Bekannten unterkommen.

Ich kann Ihnen sagen, ich empfinde Mitleid für diese Leute, aber ich bewundere die mutigen Feuerwehrleute, die sich immer wieder aufs Neue in die Wassermassen stürzen.

Die Baugrube, von der hier eben die Rede war, ist sofort von der Bauaufsicht gesperrt worden.

Aber nicht nur hier in Tiergarten zerstört der Regen die Häuser, auch ganze Teile von Berlin stehen unter Wasser. Keller, U-Bahnschächte und Autotunnel laufen voll. Der Nahverkehr ist bis auf weiteres gestört, da einzelne Straßenteile unterspült werden.

Wie ich vorhin schon sagte, man kann die Feuerwehrhelfer und die freiwilligen Helfer nur bewundern. Was haben diese Leute nur für einen Mut!

Ich bekomme hier gerade eine Nachricht, nach Aussage der Meteorologen ist dies der erste richtige Wolkenbruch des Jahres, der so vielen Angst und Schrecken bereitet. Ich wünsche allen, die heute ohne eine trockene und warme Wohnung sind, alles Gute und viel Glück. Damit schalte ich zurück nach Hamburg.

Die Kritik an diesem Aufsatz bezog sich vor allem auf zwei Aspekte:

- zu enge Bindung an die Vorlage,
- die Form der Radio-Live-Reportage, die die schriftliche Verarbeitung und Präsentation von Informationen erschwert.

Übung 73 ***Suche die Stellen heraus, in denen der Charakter einer Live-Übertragung besonders deutlich wird und berichtige sie im Sinne einer schriftlichen Reportage.***

▶ Lösung Seite 148 f.

Übung 74 ***Denke dir zu den einzelnen Punkten aus dem Bericht, Moltkebrücke, Haus in Friedenau, Autobahntunnel, U-Bahnschächte, weitere und genauere Hintergrundinformationen aus.***

Übung 75 Versetze dich in die Lage eines Feuerwehrmanns. Was könnte er berichten?

▶ Lösung Seite 149

Übung 76 Versetze dich in die Lage eines Hausbewohners. Was könnte er berichten?

▶ Lösung Seite 149

Übung 77 Gestalte den 2.–4. Absatz neu und berichte, ohne äußerlich die 3. Person zu verlassen,

a) aus der Sicht von Herrn Schnabel,
b) aus der Sicht eines Feuerwehrmanns.

Ein Trick: Stell dir vor, du würdest ‚hinter' der betreffenden Person stehen und so das Geschehen miterleben und berichten.

Übung 78 Verfasse eine zusammenhängende eigenständige Reportage zum Thema „Nasse Nacht für Berlins Feuerwehr".

2.7 Weitere Übungsmöglichkeiten

Nachfolgend findest du zwei weitere Zeitungsartikel, die sich zur Erstellung einer Reportage eignen. Gehe alle bis hierher im Einzelnen erarbeiteten Schritte nun im Zusammenhang durch:

1. Mache dir den Inhalt des Artikels klar. Worum geht es? Notiere dir die wichtigsten Aspekte in Stichworten.
2. Überlege, was zusätzlich über das in der Nachricht Wiedergegebene hinaus an diesem Thema interessant sein könnte. Stelle mögliche Zusatzfragen und überlege dir Hintergrundinformationen.
3. Überlege dir den Aufbau deiner Reportage. Es ist sinnvoll, mit einem konkreten, persönlichen Beispiel anzufangen. Deine Reportage sollte durchaus eine gewisse ‚Dramaturgie' haben.
4. Denke an die Anforderung einer lebendigen und anschaulichen Sprache. Stell dir vor, du möchtest die Leser nicht nur informieren, sondern sie am Geschehen teilhaben lassen.

5. Verwechsle aber nicht Lebendigkeit mit ‚action'.
   Bedenke, was du mitteilen möchtest.
6. Runde deine Reportage am Ende so ab, dass ein Bezug zum Anfang erkennbar bleibt.

Lesetext

Großbrand zerstört vier Dachstühle in Reinickendorf

Zweifel an Brandsicherungen in der Siedlung

Vier Dachstühle sind gestern in einer Wohnsiedlung in Reinickendorf ausgebrannt. Bei dem Feuer wurde niemand verletzt. Das Brandkommissariat und die Bauaufsicht haben die Ermittlungen zur Brandursache aufgenommen.

Kurz nach elf Uhr ging bei der Feuerwehr die erste Meldung über Rauchentwicklung in der Klienhorststraße 17 ein. Als die Feuerwehr vor Ort eintraf, hatte das Feuer bereits auf die Dachstühle der anliegenden Häuser übergegriffen. Flammen loderten aus den fast vollständig aus Holz gebauten Dachaufbauten. Über 800 Quadratmeter standen in Flammen. Probleme bereiteten der Feuerwehr der starke Wind und die Hitze. Mehrere Feuerwehrleute mussten wegen Kreislaufproblemen behandelt werden.

Gegen 14 Uhr hatten die Einsatzkräfte die Lage unter Kontrolle. Sie mussten jedoch noch mehrere Stunden vor Ort bleiben, weil der gesamte Holzdachstuhl voller kleiner Glutherde war. Insgesamt waren an dem Einsatz vier Löschzüge und über 90 Beamte beteiligt. Verletzt wurde niemand, die Polizei hatte noch vor Eintreffen der Feuerwehr die Mieter des ganzen Straßenzugs aus ihren Wohnungen evakuiert.

Kurz nach den Löscharbeiten wurde Kritik an der Brandsicherung laut. Die Sicherheitsbestimmungen beim Bau der Dachgeschosse seien nicht eingehalten worden, hieß es. In der gesamten Siedlung waren 1993 auf die Häuser Dachaufgeschosse gebaut worden. Den Feuerwehrleuten fiel bei ihrer Arbeit auf, dass die gesetzlich vorgeschriebenen Brandwände zwischen den angrenzenden Häusern nicht vorhanden waren. Dadurch konnten sich die Flammen innerhalb weniger Minuten durch die Dächer fressen.

Gegen 16 Uhr – die Flammen waren gelöscht – begutachteten Beamte des Brandkommissariats der Polizei und der Bauaufsicht den Brandort, um die Ursache des Feuers zu ermitteln. Da der Brand in einem unbewohnten Dachgeschoss ausgebrochen war, gehen die Ermittler von einem technischen Defekt aus. Außerdem werde geprüft, ob die Brandwände bei den Löscharbeiten zerstört worden sind oder tatsächlich nicht vorhanden waren.

Falls sich der Verdacht bestätigt, hätte das große Auswirkungen auf die gesamte Siedlung. Alle Häuser in dem Wohngebiet sind mit identischen oder ähnlichen Dachgeschossen ausgebaut worden. Diese müssten dann innerhalb von kürzester Zeit saniert werden. Die Ergebnisse der Untersuchungen werden frühestens am Freitag vorliegen.

Berliner Zeitung, 29.8.1997

Lesetext

Einsturz im S-Bahnhof Friedrichstraße

100.000 Berliner mussten umsteigen / „Keine Gefahr für Kunden und Bauarbeiter“

Im S-Bahnhof Friedrichstraße ist in der Nacht zum Dienstag eine Decke eingestürzt. Niemand wurde verletzt, doch aus Sicherheitsgründen wurde eines von zwei Gleisen gesperrt und ein Pendelverkehr eingerichtet. Davon betroffen waren rund 100.000 S-Bahn-Benutzer zwischen Ahrensfelde und Potsdam.

War es die Erschütterung durch Bauarbeiten oder durch den Bahnverkehr? Ein Stahlträger der Decke des Nord-Einganges rutschte gegen 2 Uhr nachts vom Sockel. Daraufhin senkte sich ein 30 Quadratmeter großes Stück Decke und legte sich auf den darunter liegenden provisorischen Brettertunnel für Fußgänger. Dieser hielt der Belastung stand.

„Für Menschen hat zu keinem Zeitpunkt Gefahr bestanden“, sagte denn auch Claudia Ruttmann vom Bauträger, der DB-Projekt GmbH Knoten Berlin. Zur Vorsicht wurde das benachbarte Areal gesperrt, das marode Foyerdach mit Hilfe eines Krans komplett abgerissen. Bis zum Mittag prüften Vermessungstechniker, ob der Einsturz die Statik des benachbarten Gleisbetts beeinflusst haben könnte. Doch sie stellten keine weiteren Schäden fest. Um 13.30 Uhr hieß es wieder: freie Fahrt auf zwei Gleisen.

„Die Unfallursache ist nach vorläufiger Prüfung ein Konstruktionsfehler“, sagte ein Experte der Bauaufsicht. Zwei Stahlträger seien nicht richtig miteinander verbunden gewesen. Laut DB Projekt GmbH wurde das Foyer nach 1945 angebaut. Nun sucht das Eisenbahnbundesamt nach der genauen Unfallursache. Seit 1995 wird der Bahnhof Friedrichsstraße für 113 Millionen Mark saniert. Er soll spätestens Ende 1998 fertiggestellt werden. Der Unfall von Dienstagnacht beeinflusst den Zeitplan nicht. Die Foyers werden auf beiden Seiten abgerissen und neu gebaut.

Berliner Zeitung, 20.8.1997

Drogenthema
Christiane F.
Marktplatz
Liberalisierung vs.
Verbot
Gefahren

3. Die lineare Erörterung

3.1 Das Problem

Claudia hat in der letzten Zeit viel mit ihren Freundinnen über Drogen diskutiert. In einem Buch findet sie die folgende Bildergeschichte, über die sie zuerst lachen muss, die sie dann aber doch nachdenklich werden lässt:

Der Apfel fällt nicht weit vom Stamm

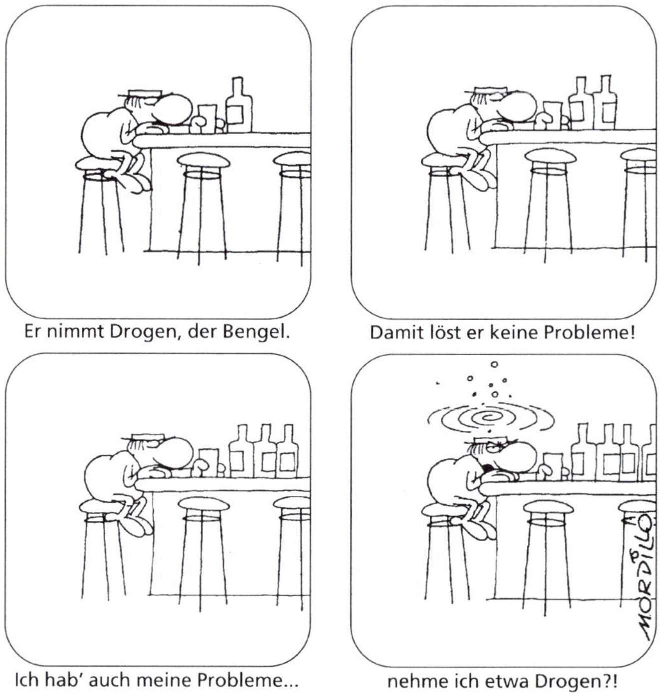

(Abdruck mit freundlicher Genehmigung der Bundeszentrale für gesundheitliche Aufklärung)

Übung 79 *Fasse die Bildergeschichte kurz zusammen!*
▶ Lösung Seite 149

Übung 80 *Was versteht der Mann wohl unter „Drogen"?*
▶ Lösung Seite 149

Übung 81 *Zählt er Alkohol zu den Drogen?*
▶ Lösung Seite 149

Übung 82 *Welche Mittel können deiner Meinung nach zur Droge werden?*
▶ Lösung Seite 149

Übung

In den Übungen 79–81 hast du ein gestelltes Problem erkannt, in der Übung 82 hast du eigene Gedanken dazu geäußert. Damit hast du mit der Erfassung des Problems und der Formulierung von eigenen Gedanken bereits zwei wichtige Aufgaben der Erörterung kennen gelernt.

Erörtern bedeutet „abhandeln, verhandeln, behandeln, auseinander setzen, darstellen, darlegen, untersuchen, diskutieren, disputieren, die Klingen kreuzen, sich streiten über, debattieren, zur Debatte/Diskussion bringen, zur Diskussion stellen, zur Sprache bringen (...)".
[Duden. Die sinn- und sachverwandten Wörter, S. 215]
Man unterscheidet im Deutschunterricht die *lineare* von der *dialektischen Erörterung.* In diesem Kapitel lernst du die *lineare Erörterung* kennen.

Info

Claudia bringt die Bildergeschichte mit in die Schule und zeigt sie ihren Klassenkameraden. Die meisten lachen über die Geschichte, aber plötzlich entwickelt sich eine Diskussion über die Frage, warum vor allem Jugendliche zu Drogen greifen:

Sonja: „Vielleicht haben manche ja auch Probleme mit den Eltern. Und mit Drogen können sie die Streitereien besser aushalten, denken sie zumindest."
Klaus: „Nee, glaub' ich nicht. Die nehmen das doch bloß, um anzugeben!"
Alexander: „Und weil sie neugierig sind. Die haben gesehen, wie ihre Freunde das Zeug nehmen, denken, das musst du auch mal probieren, weil die Freunde immer so davon schwärmen."
Klaus: „Stimmt! Die Clique kann da ganz schön beeinflussen. Wenn du nicht mal ,nen Joint geraucht hast, kannst du dir gleich andere Freunde suchen."
Sonja: „Das versteh' ich nicht. Warum lassen die sich auf so was ein? Die ganzen Aufklärungskampagnen, z. B. „Keine Macht den Drogen" und so, die müssen die doch auch kennen. Dann lieber andere Freunde suchen."

Alexander: „Dieses ganze Aufklärungszeug nutzt doch eh nix. Wenn dein Kumpel zu dir sagt: ‚Da, nimm' mal nen Zug, is nicht gefährlich, schau mich an, ich mach's auch schon lange', dann ist ja wohl das ganze ‚Keine Macht den Drogen'-Geschwätz vergessen."
Claudia: „Ich denke aber auch, dass das Problem noch tiefere Ursachen hat: Ursachen, die in der Gesellschaft liegen: Der Stress in der Schule und dann keine Lehrstelle finden, ist doch klar, dass die Kids zu Drogen greifen!"

Übung 83 Welche Argumente werden genannt? Formuliere sie jeweils in einem Satz!
▶ Lösung Seite 150

Übung 84 Kann man die Argumente nach bestimmten Kriterien ordnen?
▶ Lösung Seite 150

Übung 85 Versuche, weitere Gründe zu finden!
▶ Lösung Seite 150

Übung 86 Welche Argumente hältst du für mehr und für weniger wichtig? Ordne alle Gründe!
▶ Lösung Seite 150

Die lineare (steigernde) Erörterung will überzeugen. Du kannst den Leser von deinen Argumenten am besten überzeugen, wenn du die Argumente sinnvoll aufeinander aufbaust, sodass die Leser deinen Standpunkt nachvollziehen, als logisch begreifen und ihn im Grunde auch annehmen müssen. Bei der linearen (steigernden) Erörterung empfiehlt es sich, die Argumente nach ihrer Wichtigkeit zu ordnen, z. B. vom weniger wichtigen Argument zum wichtigen Argument oder vom persönlichen zum gesellschaftlichen Argument. So kommt eine gewisse Steigerung der Argumente zu Stande, daher auch der Name: lineare oder steigernde Erörterung.

Die Überzeugungskraft einer Erörterung ist abhängig von der Argumentationsweise und von der Wahl der Argumente. Es ist daher notwendig, gut argumentieren zu können. Eine Argumentationskette besteht aus:

THESE (Behauptung)	Rauchen muss verboten werden, …
ARGUMENT (Begründung)	… *weil* es gesundheitsschädlich ist.
BEWEIS oder BEISPIEL („Stütze“)	Nach neuesten Forschungsergebnissen ist das Rauchen für 85 % aller Lungenkrebserkrankungen und etwa 30 % aller Todesfälle durch Krebs verantwortlich.
FOLGERUNG	Der Gesetzgeber müsste *also* darauf hinarbeiten, dass die Menschen durch ein Rauchverbot vor solch negativen Folgen geschützt werden.

Die einzelnen Teile der Argumentationskette werden durch so genannte *Signalwört*er eingeleitet:

ARGUMENT (Begründung)	*da, weil, denn, nämlich*
BEWEIS oder BEISPIEL („Stütze“)	*dies beweist, z. B., beispielsweise*
FOLGERUNG	*daher, sodass, also, folglich, somit*

Übung 87 Bestimme in den folgenden Argumentationsketten jeweils These, Argument, Beweis oder Beispiel, Folgerung:

▶ Lösung Seite 150 f.

- Ich finde, dass jeder Mann heutzutage einen Bügelkurs besuchen sollte, da diese Fähigkeit beim Führen eines Haushaltes hilfreich sein kann.

- Viele Leute meinen, dass Frauen schlechtere Autofahrer seien als Männer. Sie würden sich nämlich oft im Spiegel schminken und könnten so nicht auf den Verkehr achten. Gestern habe ich selbst eine Autofahrerin beobachtet, die während des Fahrens ihren Lippenstift aufgetragen hat, sodass sie in diesem Moment nicht bemerkte, dass von rechts ein Auto kam, das Vorfahrt hatte.
- Dass Frauen schlechtere Autofahrer seien als Männer, stimmt einfach nicht, denn gerade Autofahrerinnen sind wesentlich weniger in Unfälle verwickelt als ihre männlichen Kollegen. Dies beweist die Unfallstatistik des ADAC, außerdem bekommen Frauen bei KFZ-Versicherungen einen Rabatt und müssen weniger bezahlen als Männer. Somit muss doch wohl etwas daran sein, dass Frauen besser Auto fahren als Männer!

Übung 88 Schreibe vollständige Argumentationsketten zu den folgenden Thesen!
▶ Lösung Seite 151

- Viele fordern, dass Schüler ihre Schule selbst putzen sollen …
- Man sollte Alkohol und Zigaretten erheblich verteuern …
- Man sollte die Schulzeit auf 12 Schuljahre verkürzen …

Übung 89 Entscheide, ob die folgenden Argumente gut oder schlecht sind! Begründe deine Entscheidung!
▶ Lösung Seite 152

Schüler sollen ihre Schule selbst putzen,
- weil sie sowieso so wenig arbeiten.
- weil das für ihre spätere Berufstätigkeit sinnvoll ist.
- weil sie so umweltbewusstes Verhalten lernen.
- weil das die einzige Möglichkeit ist, wo sie lernen, mit Lappen und Besen umzugehen.
- damit es ihnen in der Schule besser gefällt.
- weil das die Lehrer freut.
- weil sie sonst in ihrem eigenen Müll versinken.
- weil sie ihre Schule selbst putzen sollen.
- weil die Putzfrauen dadurch entlastet werden.
- weil das so in der Schulordnung steht.
- weil sie dann nicht so gedankenlos mit ihrem Müll umgehen.

Gute Argumente beziehen sich auf gesetzliche Regelungen, wissenschaftliche Erkenntnisse, verallgemeinerbare Erfahrungen, allgemeine Wertvorstellungen.

Das Thema „Drogen" beschäftigt Claudia noch am nächsten Tag. Beim Frühstück liest sie in der Zeitung einen Artikel über Alkohol.

Alkohol

Die Deutschen konsumierten 1992 durchschnittlich den meisten Alkohol weltweit. Seit 1950 ist dieser Konsum um etwa das Vierfache gestiegen. Rund 2,5 Mio. Menschen sind in Deutschland so alkoholabhängig, dass sie einer Behandlung bedürf(t)en. Ca. 40.000 Menschen sterben jährlich an den Krankheitsfolgen übermäßigen Alkoholkonsums (Krebs, Lebererkrankungen usw.). Alkohol war auch bei Verkehrsunfällen im Spiel, bei denen 1994 etwa 55.000 Personen zu Schaden kamen – darunter ca. 2.000 Getötete und ca. 33.000 Schwerverletzte. Durch solche Folgen von Alkoholmissbrauch erleidet die deutsche Volkswirtschaft jährlich Schäden in Höhe von mehr als 30 Mrd. DM (Schätzung). (Quellen: DHS; Statistisches Bundesamt; Medikament und Meinung) Menschen zerstören ihr eigenes Leben durch Alkoholsucht, Familien zerbrechen an alkoholabhängigen Angehörigen. Besonders Kinder und Jugendliche leiden unter alkoholabhängigen Eltern und greifen selbst in zunehmend jungem Alter zum Alkohol, sei es, um im Freundeskreis stark zu erscheinen oder sich über andere Probleme „hinwegzutrinken". Aber Alkohol löst kein einziges Problem, er schafft allenfalls neue. (Aus: Feick, Jürgen und Herbert Uhl (Hrsg.): Aktualitätendienst 1996, Stuttgart 1995, S. 66)

Übung 90 *Welche Folgen des Alkoholkonsums werden genannt?*
▶ Lösung Seite 152

Übung 91 *Überlege dir weitere Folgen!*
▶ Lösung Seite 152

„Aber wie soll man Suchtkranken denn helfen?" Claudia diskutiert mit ihren Eltern. Der Vater weist sie auf einen Leserbrief in der Zeitung hin. Er meint zu ihr, dass in dem Brief ein sehr eigenwilliger Vorschlag gemacht werde, wie man Drogensüchtigen helfen kann.

„Drogensüchtige sind alles Faulenzer, die unserem Staat auf der Tasche liegen. Meiner Meinung nach sollte man sie alle einsperren, damit sie unsere Kinder nicht mehr zum Drogenkonsum verführen können. Im Gefängnis können sie dann arbeiten. Arbeit hat noch niemandem geschadet, also wird sie auch den Drogenabhängigen gut tun. Außerdem können sie mit der Arbeit auch die Kosten ihres Gefängnisaufenthaltes selbst bezahlen und würden dem Steuerzahler nicht auf der Tasche liegen. Schluss mit teuren Entzugsprogrammen oder Psychotherapien! Drogensüchtige haben sich bewusst zu Außenseitern gemacht, also sollen sie auch dafür arbeiten, dass die Gesellschaft sie wieder aufnimmt. Und wenn sie's nicht schaffen, von der Droge wegzukommen, bleiben sie halt ihr ganzes Leben im Gefängnis – auf eigene Kosten selbstverständlich."

Alfons M., Heidelberg

Übung 92 *Fasse die Argumente des Leserbriefschreibers zusammen!*
▶ Lösung Seite 153

Übung 93 *Sind seine Argumente stichhaltig?*
▶ Lösung Seite 153

Übung 94 *Entwirf stichwortartig eine Sammlung von Argumenten, wie man Drogensüchtigen helfen könnte!*
▶ Lösung Seite 153

Übung 95 *Claudia ist über die Vorschläge des Lesers entrüstet. Sie beschließt, ihm mit einem eigenen Leserbrief zu antworten. Formuliere aus deinen Argumenten aus Übung 94 den Leserbrief Claudias!*
▶ Lösung Seite 153

Der Erörterungsaufsatz verlangt zumeist die Behandlung mehrerer Fragen. In unserem Fall würde die Aufgabenstellung lauten:

Immer mehr Jugendliche nehmen Drogen. Welche Gründe sind dafür verantwortlich zu machen? Welche Folgen hat diese Entwicklung für den Einzelnen und die Gesellschaft? Was könnte man gegen diese Entwicklung tun?

Die Aufgabenstellung einer linearen Erörterung erkennt man daran, dass sie zumeist mit einer W-Frage eingeleitet wird.
Außerdem wird bei der linearen Erörterung nur die Darstellung einer Seite eines Problems verlangt, z. B. „Warum ist es sinnvoll, in der Schule Drogenaufklärung zu betreiben?"
Beachte dagegen: Die dialektische Erörterung, wie du sie in Kapitel 4 lernst, verlangt die Darstellung beider Seiten, z. B. „Welche Vorteile und Nachteile hat Drogenaufklärung in der Schule?" oder „Ist es sinnvoll, Drogenaufklärung in der Schule zu betreiben?"

Info

3.2 Wie anfangen? Die Stoffsammlung

Wenn du eine Erörterung schreiben sollst, hast du zunächst die Aufgabe möglichst viele Argumente zu sammeln. Dazu musst du versuchen dir klar zu machen, welche verschiedenen Aspekte zu der dir gestellten Fragestellung gehören, und welche Argumente dazu passen könnten. Das gelingt dir, wenn du die Fragestellung in ihre einzelnen Bestandteile „zerlegst" und zu diesen Bestandteilen nach erläuternden Fragen suchst, etwa:

WELCHE GRÜNDE gibt es, dass immer mehr JUGENDLICHE zu DROGEN greifen?

GRÜNDE	JUGENDLICHE	DROGEN
mangelnde Liebe	Alter?	Was ist „Droge"?
Langeweile	Freundeskreis?	Was kann „Droge" werden?
Neugierde	Orte: Schule, Straße	
Einsamkeit		
Clique		
Leistungsdruck		
Perspektivlosigkeit		

Zukunftsangst

Welche FOLGEN hat diese ENTWICKLUNG für den EINZELNEN und die GESELLSCHAFT?

FOLGEN	ENTWICKLUNG	DER EINZELNE	GESELLSCHAFT
individuell	zwangsläufige Entwicklung?	Drogenabhängiger	Arbeitgeber
sozial	oder aufhaltbar?	Familienangehörige	Schulen
familiär			Kommunen
beruflich		Freunde	Länder

WAS kann MAN gegen diese Entwicklung TUN?

WAS TUN	MAN
Abhilfe?	Wer?
Resozialisierung?	Der Drogenabhängige?
Therapien?	Schule, Eltern, Staat?
Aufklärung	

Übung

Übung 96 Untersuche die folgenden Fragestellungen auf ihre Bestandteile!

▶ Lösung Seite 154

Sehr aktuell jugendliche Handys

- Immer mehr Bürger machen Schulden.
  Welche Gründe führen dazu, dass immer mehr Menschen Schulden machen?
  Welche Folgen kann dieser Umstand haben?

- „Der schöne Körper boomt! Davon können Fitnessstudios und Kosmetikhersteller, Bodybuilder oder plastische Chirurgen ein Lied singen." (Aus: Badische Neueste Nachrichten, Nr. 35, vom 11./12.02.95).

Warum wünschen sich immer mehr Menschen einen perfekten Körper?
Welche Gefahren sind mit dieser Entwicklung verbunden?

3.3 Die Einleitung

Die Einleitung hat die Aufgabe, den Leser an das Thema der Erörterung heranzuführen. Weil man nicht voraussetzen kann, dass sich der Leser von vornherein für die jeweilige Fragestellung interessiert, soll die Einleitung das Interesse des Lesers wecken.

Info

Erstkonsumenten harter Drogen
Bundesrepublik 1982–1994

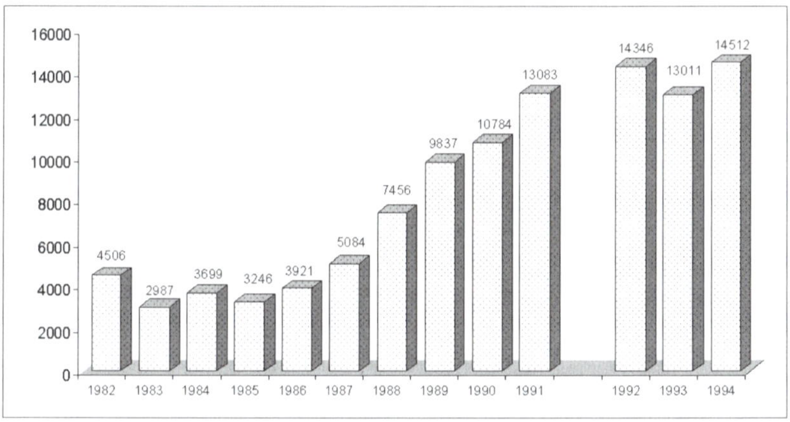

Ab 1992 mit neuen Bundesländern
Quelle: Bundeskriminalamt

(Aus: Feick, Jürgen und Herbert Uhl (Hrsg.): Aktualitätendienst 1996, Stuttgart 1995, S. 67)

Übung 97 Beschreibe das oben stehende Säulendiagramm!
▶ Lösung Seite 155

Übung

Übung 98 Auf der Grundlage dieses Diagramms wurden die folgenden Einleitungen geschrieben. Bestimme, welche Einleitung gelungen ist und begründe deine Entscheidung.
▶ Lösung Seite 155

- Immer mehr Menschen sterben. Sterben an Rauschgift. Das ist sehr schlimm. Aber es ist halt nun mal so. Kann man nichts machen.
- Die neuesten Statistiken über die Erstkonsumenten harter Drogen beweisen, dass sich deren Zahl in den letzten zehn Jahren mehr als verdoppelt hat. Immer mehr Menschen greifen zu Heroin oder Kokain und setzen damit den ersten Schritt auf den Weg zu einer „Drogenkarriere". Aus welchen Gründen sie Drogen nehmen, und welche Folgen das hat, möchte ich im folgenden Aufsatz zusammen mit Vorschlägen zur Abhilfe erörtern.
- In Mannheim fiel es mir in der letzten Zeit auf, dass anscheinend immer mehr Drogenabhängige herumsitzen. Diese Beobachtung wurde jetzt durch eine Statistik bestätigt, in der es hieß, dass die Zahl der Erstkonsumenten harter Drogen in den letzten Jahren stark angestiegen sei. Die Ursachen dieser Entwicklung will ich im Folgenden untersuchen.
- „Haste mal 'ne Mark?" Von immer mehr Drogenabhängigen wird man angebettelt, wenn man durch die Straßen unserer Stadt geht. Dass tatsächlich immer mehr Menschen den Weg zur Droge, besonders zur harten Droge, finden, beweist eine Veröffentlichung mit Zahlen des Bundeskriminalamtes, in denen von einem Anstieg der Erstkonsumenten harter Drogen auf 14.512 im Jahre 1994 berichtet wird. 1993 waren es erst 13.011, 1986 sogar nur 3.921 Menschen. Es kommt also immer mehr in Mode, auch zu den so genannten harten Drogen zu greifen.

Die Einleitung kann auf verschiedene Art und Weise zum Thema hinführen, nämlich mit
- persönlichen Erfahrungen oder Gedanken
- Fakten zur jeweiligen Fragestellung
- einem aktuellen Ereignis oder einer Beobachtung
- einem treffenden Zitat oder
- einer deutlichen Erklärung der betreffenden Fragestellung.

Übung

Übung 99 Formuliere Einleitungen zu den folgenden Themen:
▶ Lösung Seite 155 f.

- Immer mehr Bürger machen Schulden.
  Welche Gründe führen dazu, dass immer mehr Menschen Schulden machen?
  Welche Folgen kann dieser Umstand haben?
- „Der schöne Körper boomt! Davon können Fitnessstudios und Kosmetikhersteller, Bodybuilder oder plastische Chirurgen ein Lied singen." (Aus: Badische Neueste Nachrichten, Nr. 35, vom 11./12.02.95).
  Warum wünschen sich immer mehr Menschen einen perfekten Körper?
  Welche Gefahren sind mit dieser Entwicklung verbunden?

3.4 Der Hauptteil

Info

Im Hauptteil der Erörterung hast du die Aufgabe, die einzelnen Gesichtspunkte der Fragestellung systematisch darzustellen. Dazu müssen die Argumente in der Form von These – Begründung – Beweis/Beispiel („Stütze") und Folgerung möglichst schlüssig aufgebaut und angeordnet werden. Im Grunde hat der Hauptteil das Ziel, den Leser umfassend über die Problematik zu informieren und von deinen Schlussfolgerungen zu überzeugen.

Zu Hause findet Claudia einen Aufsatz, den ihr älterer Bruder in der 11. Klasse über das Drogenthema geschrieben hat. Der Hauptteil seines Aufsatzes hat folgenden Wortlaut:

Ein Grund, der Jugendliche zu Drogen greifen lässt, ist sicherlich die Neugierde. Man möchte auch einmal das ausprobieren, was nach den Erlebnisberichten der Freunde sehr abenteuerlich erscheint. Außerdem wollen Jugendliche in ihrem jeweiligen Freundeskreis akzeptiert sein. Wenn in einem solchen Freundeskreis Drogen konsumiert werden, so ist der Gruppendruck auf jeden Einzelnen sehr hoch. Um nicht als Außenseiter zu gelten, greift dieser Jugendliche dann auch zu Drogen.

Ein wichtiger Grund liegt in der Tatsache, dass Jugendliche heute viel zu wenig Aufmerksamkeit von den Erwachsenen bekommen. Viele Eltern haben in unserer Zeit viel zu viel mit sich selbst zu tun, als dass sie Zeit hätten, sich Gedanken um die Erziehung ihrer Kinder zu machen. Viele Kinder werden einfach vor den Fernseher „abgeschoben", Kinder werden nicht mehr oder zu wenig gelobt, vielmehr werden sie, was beinahe noch schlimmer ist, bei Misserfolgen zu wenig von den Eltern unterstützt. Manche Eltern verstärken das mangelnde Selbstwertgefühl der Kinder, indem sie ihnen suggerieren, dass sie ja ohnehin nichts zu Stande brächten. Häufig ist daran auch die berufliche oder private Unzufriedenheit der Eltern schuld, die dann auf die Kinder projiziert wird. Die Folge eines solchen Umgangs ist, dass Jugendliche ohne Selbstbewusstsein aufwachsen. Kommen sie in den falschen Freundeskreis, so sind sie leicht zu beeinflussen und greifen in diesem Zusammenhang möglicherweise auch zu Drogen.
Die Folgen des Drogenkonsums sind erschreckend. Hat man erst einmal so genannte „weiche Drogen", z. B. Haschisch, probiert, so wird, wenn die oben beschriebenen Probleme nicht aus der Welt geschafft worden sind, der Wunsch nach einem noch umfassenderen Eintauchen in die „heile" Welt immer stärker. Er äußert sich im Griff zu härteren Drogen, wie z. B. Heroin. Statistiken beweisen, dass fast alle Heroinabhängigen über so genannte „weiche Drogen" den Einstieg in die Abhängigkeit gefunden haben. Greift der Jugendliche aber erst einmal zu Heroin, so befindet er sich auf einem Weg, der bei vielen Abhängigen schon zum Tod geführt hat.
Die Geldreserven der jugendlichen Drogenkonsumenten sind meist nach kurzer Zeit aufgebraucht. Um sich das notwendige Geld zu beschaffen, müssen sie Straftaten begehen, wie z. B. Diebstähle oder Überfälle. Manche finanzieren sich ihre Sucht auch durch den Verkauf von Drogen an andere Abhängige, durch das so genannte „Dealen". Polizeistatistiken beweisen, dass Drogenkonsumenten ein ständig steigender Anteil an verübten Straftaten zur Last gelegt werden muss.
Dieser Gesichtspunkt muss der Anlass dafür sein, darüber nachzudenken, wie man Drogenabhängigen aus ihrer Lage, aus der sie mit eigener Kraft kaum mehr herausfinden, helfen könnte. Therapeutische Einrichtungen, Entziehungskuren, aber auch die Entkriminalisierung der Drogenabhängigkeit bieten wichtige Ansätze, die im Einzelnen zu untersuchen wären. Wichtiger erscheint bei allen diesen Ansätzen aber die Bekämpfung des eigentlichen Problems, welches die Jugendlichen überhaupt erst zur Droge greifen ließ.

Zunächst müsste an die Eltern appelliert werden, sich mehr für ihre Kinder zu interessieren, mehr Verständnis für die Probleme der Jugendlichen zu zeigen und ihnen ein Gefühl für den eigenen Wert zu vermitteln. Eltern könnten sich z. B. die Zeit nehmen, um mit ihren Kindern Sport zu treiben oder mit ihnen über aktuelle Themen zu diskutieren. Auch die Lehrer sollten sich darum bemühen, die Schüler nicht einfach als Nummer, sondern als Menschen zu betrachten und entsprechend mit ihnen umzugehen. Eine Folge wäre, dass Schüler mit weniger Angst vor den Noten und mehr Freude aufs Lernen in die Schule gehen.

Übung 100 Welche Argumente werden verwendet?
▶ Lösung Seite 156

Übung 101 Markiere jeweils These, Argument, Beweis/Beleg („Stütze") und Folge mit unterschiedlichen Farben!
▶ Lösung Seite 156 ff.

Übung 102 Weitere Gesichtspunkte zu diesem Thema sind in der folgenden Übersicht angeordnet. Dabei sind Argument, Beweis/Beispiel („Stütze") und Folge auseinander gefallen. Ordne sie nach „Gründe für die Sucht", „Folgen der Sucht" und „Abhilfemöglichkeiten"!
▶ Lösung Seite 159

ARGUMENTE	BEWEIS/BEISPIEL („STÜTZE")	FOLGE
Fernsehberichte, Buch *Wir Kinder vom Bahnhof Zoo*	Kriminalität, Prostitution, um Geld für Drogen zu verdienen	Drogensucht verstärkt Probleme der Jugendlichen
Jugendliche haben schlechte berufliche Perspektiven	Arbeitslosenzahl unter Jugendlichen besonders hoch	Droge als Flucht vor harter Realität der Beschäftigungslosigkeit
Leistungsdruck und große Klassen, steigende Schülerzahlen	Jugendliche bekommen zu wenig Aufmerksamkeit	weiteres Abrutschen in Drogensucht, erhöhte Aidsgefahr

Jugendlicher, der Ausbildung erfolgreich macht, fühlt sich von Gesellschaft akzeptiert und wird nicht drogenabhängig oder rückfällig	permanente Suche nach Geld und Suchtmitteln	Zeitungsbericht über ehemalige Drogensüchtige, die Schreinerlehre machen
hohe Glaubwürdigkeit, besser als abschreckende Filme oder Bücher	Apathie, Depression wegen ausweglos erscheinender Lage	Jugendliche fühlen sich allein gelassen und nehmen Drogen
ehemalige Drogenabhängige, die von ihren Erfahrungen berichten	Verstärkung der Aufklärungsarbeit	berufliche Perspektiven, Ausbildungsplätze

Übung 103 Formuliere die entsprechenden vollständigen Argumente aus!

▶ Lösung Seite 160 f.

Übung 104 Argumente können z. B. vom weniger wichtigen zum wichtigen Argument oder vom persönlichen zum gesellschaftlichen Argument angeordnet werden. Lies dir noch einmal alle Argumente zum Drogenthema durch und versuche herauszufinden, in welcher Reihenfolge sie gegliedert sind!

▶ Lösung Seite 162

Übung 105 Überlege dir, wie du die Argumente aus den Stoffsammlungen von Übung 96 gliedern könntest!

▶ Lösung Seite 163 f.

3.5 Der Schluss

Der Schluss bringt deine Meinung, die du auf Grund deiner Argumentation gewonnen hast, zusammenfassend zum Ausdruck. Dabei kannst du das für dich wichtigste Argument noch einmal kurz nennen. Der Schluss kann aber auch bestehen aus:

- einer zusammenfassenden „Bilanz" der Argumente oder
- einer abschließenden persönlichen Stellungnahme oder
- einer Aufforderung, einem Appell oder
- einem Ausblick auf zu erwartende künftige Entwicklungen zur Thematik oder
- einem persönlichen, aber auf die Argumentation sich stützenden Wunsch, der sich auf die Thematik bezieht.

Zu dem Thema „Drogen" sind verschiedene Schlüsse geschrieben worden:

Schluss Nr. 1:

Drogensucht ist nicht nur das Problem eines Einzelnen, sondern sie ist, wie aus den obigen Ausführungen deutlich wurde, maßgeblich gesellschaftlich bedingt. Daher müssen die Verantwortlichen aller gesellschaftlichen Gruppen, Arbeitgeber und Arbeitnehmer, Staat und Eltern, Lehrer und Erzieher, zusammenarbeiten, um Jugendlichen ein Selbstwertgefühl zu vermitteln, das sie gegen die Versuchung durch die Droge immunisiert. Auch neuen Ansätzen im staatlichen Umgang mit Drogenabhängigen, z. B. die Entkriminalisierung durch kontrollierte Heroinabgabe, sollte in diesem Zusammenhang eine Chance der Bewährung gegeben werden.

Schluss Nr. 2:

Wie wir gesehen haben, sind die Gründe der Sucht sowohl individueller als auch gesellschaftlicher Natur. Beides bedingt einander. Wenn das Zweckdenken in unserer von wirtschaftlichen Interessen bestimmten Gesellschaft weiter voranschreitet und dadurch immer mehr Verlierer produziert werden, die nicht mehr mithalten können, dann befürchte ich, dass die Zahl der Erstkonsumenten harter Drogen auch in Zukunft nicht abnehmen wird und die Zahl der Alkoholabhängigen weiter ansteigen wird. Gesellschaftliches Umdenken ist gefragt!

Schluss Nr. 3:

Die Art und Weise, wie wir an das Suchtproblem herangehen, ist meiner Meinung nach falsch. Ich würde mir wünschen, dass man wirkliche Vorbeugung betreibt, anstatt an den Symptomen „herumzudoktern". Aufklärung und Ausbildung sind die wichtigsten und erfolgreichsten Mittel gegen Drogensucht.

Übung

Übung 106 Welche Form wurde jeweils verwendet?

▶ Lösung Seite 164

Übung

Übung 107 Welchen Schluss hältst du für gelungen, welchen für weniger gelungen? Begründe deine Entscheidung!

▶ Lösung Seite 164

Übung

Übung 108 Formuliere einen passenden Schluss zu den Themen aus Übung 96!

▶ Lösung Seite 164 f.

3.6 Der vollständige Aufsatz

Der nachfolgende Aufsatz ist *eine* Möglichkeit der Behandlung des Themas. Analysiere genau den Aufbau mit Einleitung, Hauptteil, Schluss und achte besonders darauf, wie die einzelnen Überleitungen von der Einleitung zum Hauptteil und zwischen einzelnen Argumenten formuliert sind! Solche Überleitungen kannst du auch in deinem Aufsatz verwenden.

Einleitung

Wenn ich die Tageszeitung durchblättere, denke ich manchmal daran, dass ich beim Lesen der Todesanzeigen auf einen bekannten Namen stoßen könnte. Es ist nämlich schlimm zu sehen, wie Menschen, die man noch aus dem Kindergarten kennt, tagtäglich an der Schwelle des Todes stehen, weil sie drogenabhängig sind. Doch wenn man sich mit dem Thema befasst, wird einem schnell klar, dass das nicht nur den eigenen Bekanntenkreis betrifft. Betrachtet man z. B. Berichte in den Zeitungen, kommt man zu dem erschreckenden Ergebnis, dass Drogen überall immer beliebter werden: Die Zahl der Erstkonsumenten harter Drogen war beispielsweise im vergangenen Jahr schon wieder höher als im Vorjahr. Was immer mehr Menschen, vor allem Jugendliche, dazu bringt, zu Drogen zu greifen und welche Folgen sich daraus ergeben, will ich im Folgenden zusammen mit möglichen Gegenmaßnahmen erörtern.

Überleitung

Ein Grund, der Jugendliche zu Drogen greifen lässt, ist sicherlich die Neugierde. Man möchte auch einmal das ausprobieren, was nach den Erlebnisberichten der Freunde sehr abenteuerlich erscheint. Außerdem wollen Jugendliche in ihrem jeweiligen Freundeskreis akzeptiert sein. Wenn in einem solchen Freundeskreis Drogen konsumiert werden, so ist der Gruppendruck auf jeden Einzelnen sehr hoch. Um nicht als Außenseiter zu gelten, greift dieser Jugendliche dann auch zu Drogen.

Hauptteil
I. Gründe

Ein wichtiger Grund liegt in der Tatsache, dass Jugendliche heute viel zu wenig Aufmerksamkeit von den Erwachsenen bekommen. Viele Eltern haben in unserer Zeit viel zu viel mit sich selbst zu tun, als dass sie Zeit hätten, sich Gedanken um die Erziehung ihrer Kinder zu machen. Viele Kinder werden einfach vor den Fernseher „abgeschoben“, Kinder werden nicht mehr oder zu wenig gelobt, vielmehr werden sie, was beinahe noch schlimmer ist, bei Misserfolgen zu wenig von den Eltern unterstützt. Manche Eltern verstärken das mangelnde Selbstwertgefühl der Kinder, indem sie ihnen suggerieren, dass sie ja ohnehin nichts zu Stande brächten. Häufig ist daran auch die berufliche oder private Unzufriedenheit der Eltern schuld, die dann auf die Kinder projiziert wird. Die Folge eines solchen Umgangs ist, dass Jugendliche ohne Selbstbewusstsein aufwachsen. Kommen sie in den falschen Freundeskreis, so sind sie leicht zu beeinflussen

und greifen in diesem Zusammenhang möglicherweise auch zu Drogen.
Auch in der Schule bekommen die Jugendlichen viel zu wenig Aufmerksamkeit. Die schwierige Arbeitsmarktsituation trägt die Konkurrenz um den Arbeitsplatz bis in die Schule hinein und äußert sich in hohen Leistungsanforderungen. Der menschliche Aspekt tritt häufig in die zweite Reihe, der Lehrer sieht den Schüler nur noch als Nummer, ohne seine individuellen Schwierigkeiten zu bemerken. Diese Entwicklung wird durch steigende Schülerzahlen und immer größere Klassen gefördert. Eine Folge der mangelnden Aufmerksamkeit ist, dass sich der Jugendliche allein gelassen fühlt und dass er den Mangel an menschlicher Zuwendung und den zunehmenden Leistungsdruck mit Drogen zu kompensieren versucht.
Als den wichtigsten Grund für die Zunahme des Drogenkonsums sehe ich das Problem, dass die Jugendlichen von heute keine Perspektiven mehr haben. Immer mehr Jugendliche sind arbeitslos und manche suchen die Schuld dafür bei sich selbst. Sie liegen dann den Eltern auf der Tasche, sind enttäuscht, wissen mit ihrer Zeit nichts Sinnvolles anzufangen. Sie fühlen sich überflüssig in einer leistungsorientierten Gesellschaft, weil ausgerechnet sie nichts Produktives leisten. Für viele ist diese ausweglos erscheinende Situation nicht zu ertragen. Die Drogen ermöglichen eine Flucht aus der harten Realität in eine scheinbar schöne, heile Welt.

II. Folgen
I. Gründe

Die Folgen des Drogenkonsums sind erschreckend. Hat man erst einmal so genannte „weiche Drogen", z. B. Haschisch, probiert, so wird, wenn die oben beschriebenen Probleme nicht aus der Welt geschafft worden sind, der Wunsch nach einem noch umfassenderen Eintauchen in die „heile" Welt immer stärker. Er äußert sich im Griff zu härteren Drogen, wie z. B. Heroin. Statistiken beweisen, dass fast alle Heroinabhängigen über so genannte „weiche Drogen" den Einstieg in die Abhängigkeit gefunden haben. Greift der Jugendliche aber erst einmal zu Heroin, so

befindet er sich auf einem Weg, der bei vielen Abhängigen schon zum Tod geführt hat.
Die Geldreserven der jugendlichen Drogenkonsumenten sind meist nach kurzer Zeit aufgebraucht. Um sich das notwendige Geld zu beschaffen, müssen sie Straftaten begehen, wie z. B. Diebstähle oder Überfälle. Manche finanzieren sich ihre Sucht auch durch den Verkauf von Drogen an andere Abhängige, durch das so genannte „Dealen". Polizeistatistiken beweisen, dass Drogenkonsumenten ein ständig steigender Anteil an verübten Straftaten zur Last gelegt werden muss.
Viele, vor allem weibliche Drogenabhängige verdienen sich das Geld durch Prostitution. Besonders deutlich wird dieser Umstand nicht nur in Fernsehdokumentationen, sondern auch in Büchern, wie z. B. in Christiane F.s *Wir Kinder vom Bahnhof Zoo*. Prostituierte sind zudem leichte Opfer für Gewaltverbrechen, als Angehörige eines verachteten „Gewerbes" sind sie zudem gesellschaftliche Außenseiter. Auch die Gefahr einer Infektion durch AIDS ist bei ihnen sehr hoch.
Eine besonders gravierende Folge ist, dass der Drogenkonsum die eigentlichen Probleme der Jugendlichen keinesfalls löst, sondern sie im Gegenteil noch verstärkt. Die permanente Suche nach Geld und dem Suchtmittel schließt den Abhängigen aus der Gemeinschaft der Nicht-Abhängigen aus, weil sich seine Gedanken nur noch um seine Abhängigkeit drehen. Vollständige Apathie, aber auch Depressionen bis hin zu Selbstmordversuchen können Ausdruck der für den Abhängigen ausweglos erscheinenden Lage sein.

III. Abhilfe

Dieser Gesichtspunkt muss der Anlass dafür sein, darüber nachzudenken, wie man Drogenabhängigen aus ihrer Lage, aus der sie mit eigener Kraft kaum mehr herausfinden, helfen könnte. Therapeutische Einrichtungen, Entziehungskuren, aber auch die Entkriminalisierung der Drogenabhängigkeit bieten wichtige Ansätze, die im Einzelnen zu untersuchen

wären. Wichtiger erscheint bei allen diesen Ansätzen aber die Bekämpfung des eigentlichen Problems, welches die Jugendlichen überhaupt erst zur Droge greifen ließ.
Zunächst müsste an die Eltern appelliert werden, sich mehr für ihre Kinder zu interessieren, mehr Verständnis für die Probleme der Jugendlichen zu zeigen und ihnen ein Gefühl für den eigenen Wert zu vermitteln. Eltern könnten sich z. B. die Zeit nehmen, um mit ihren Kindern Sport zu treiben oder mit ihnen über aktuelle Themen zu diskutieren. Auch die Lehrer sollten sich darum bemühen, die Schüler nicht einfach als Nummer, sondern als Menschen zu betrachten und entsprechend mit ihnen umzugehen. Eine Folge wäre, dass Schüler mit weniger Angst vor den Noten und mehr Freude aufs Lernen in die Schule gehen.
Wichtig wäre auch, dass der Staat durch die Schaffung von Freizeiteinrichtungen, wie z. B. Jugendtreffs, oder die Durchführung von Projekten, z. B. dem Entwurf eines jugendgemäßen Stadtteils, die Jugendlichen in die soziale Verantwortung einbindet und ihnen ein Gefühl von Wichtigkeit vermittelt. Natürlich gehört auch die Wirtschaftspolitik in den Katalog der Abhilfemöglichkeiten, da die Politik die Bedingungen des Wirtschaftens so gestalten könnte, dass mehr Jugendliche Ausbildungs- und Arbeitsplätze finden. Eine berufliche Perspektive zu vermitteln, ist eine der wichtigsten Maßnahmen, um Jugendliche vor dem Abgleiten in den Drogenkonsum zu bewahren. Ein Jugendlicher, der eine Ausbildung macht oder seiner geregelten Arbeit nachgeht, fühlt sich von der Gesellschaft akzeptiert und ist selbstbewusst. Somit ist die Gefahr gering, dass er zu Drogen greifen wird.
Schließlich sollte man die Aufklärungsarbeit in Schulen und Betrieben verstärken. Dabei sollten vor allem solche Experten eingesetzt werden, die besonders glaubwürdig sind. Das sind z. B. ehemalige Drogenabhängige, die eine erfolgreiche Entziehungskur bzw. Therapie hinter sich haben. Diesen Fachleuten werden die Jugendlichen sehr viel mehr Glauben

schenken als jemandem, der seine Erfahrung nur aus Büchern oder Broschüren hat.

Schluss

Drogensucht ist nicht nur das Problem eines Einzelnen, sondern sie ist, wie aus den obigen Ausführungen deutlich wurde, maßgeblich gesellschaftlich bedingt. Daher müssen die Verantwortlichen aller gesellschaftlichen Gruppen, Arbeitgeber und Arbeitnehmer, Staat und Eltern, Lehrer und Erzieher, zusammenarbeiten, um Jugendlichen ein Selbstwertgefühl zu vermitteln, das sie gegen die Versuchung durch die Droge immunisiert. Auch neuen Ansätzen im staatlichen Umgang mit Drogenabhängigen, z. B. die Entkriminalisierung durch kontrollierte Heroinabgabe, sollte in diesem Zusammenhang eine Chance der Bewährung gegeben werden.

Übung 109 Schreibe eine Erörterung zu dem Thema: „Warum ist es sinnvoll, Schüler mit der Reinigung der Schule zu beauftragen?“

▶ Lösung Seite 165

Übung

Übung 110 Zu dem Thema aus Übung 109 wurde der folgende Aufsatz geschrieben. Korrigiere Rechtschreibung und Zeichensetzung! Was hältst du von der inhaltlichen Seite des Aufsatzes?

▶ Lösung Seite 165 f.

Übung

Bei meiner Freundin in der Schule wurde der Versuch gestartet, das Schüler ihre Schule selbst reinigen. Dazu habe ich heute auch einen Zeitungsbericht gelesen, in dem so eine Maßnahme von Politikern vorgeschlagen wurde. Ich möchte mich im Folgenden mit den Gründen für das Thema befassen.
Ein Vorteil wäre, dass die Putzfrauen entlastet werden, weil sie mit ihrer Arbeit kaum fertig werden, weil so gut wie keiner auf Ordnung achtet. Die Schüler schmeißen z. B. ihr Kaugummiepapier oder Essenstüten anstatt in den Müll, einfach auf den Boden.
Ein zweiter Vorteil ist, dass man dadurch Geld spart, weil weniger Putzpersonal benötigt wird. Von diesen Geldern könnte man z. B. alte Schulbücher ersetzen oder neues Lernmaterial besorgen.
Noch ein guter Grund ist, das die Schüler lernen was Ordnung heißt, weil sie es für ihr späteres Leben dringend benötigen. Normalerweise ist das Sache der Eltern, ihr Kind richtig zu erziehen, doch manche

Eltern versäumen es leider, oder sind selbst unordentlich. Wenn die Jugendlichen wissen, das sie allen Dreck den sie liegen lassen später wieder wegräumen müssen und das unnötig Zeit kostet, hinterlassen sie ihre Arbeitsplätze gleich ordentlich.
Der wichtigste Grund wäre das die Jugendlichen so mehr Respekt vor Eigentum haben das ihnen nicht gehört und sie gehen damit sorgfältiger sie um. Wenn sie anderes Eigentum beschädigen, verstoßen sie auch gegen ein Grundrecht, das jeder Mensch hat, nähmlich Recht auf Eigentum.
Bei der Erläuterung des Themas, haben sich viele Gründe für diesen Vorschlag das Schüler ihre Schule putzen sollen ergeben. Mann kann also sagen, dass die Schüler ihren Dreck nicht überall herumliegen lassen sollten, sondern ihren Platz ordentlich hinterlassen. Jedoch sollte man die Schüler nicht regelmäßig ihre ganze Schule putzen lassen, weil das zu viel Zeit beansprucht. Wenn aber Jugendliche es für nötig halten z. B. ihren Tisch vollzukritzeln oder Papier im Klassenzimmer herumzuwerfen, halte ich es für sinnvoll, dass sie es wieder sauber machen.
In Zukunft sollte man darauf achten, dass bevor die Schüler das Klassenzimmer verlassen es relativ ordentlich ist. Viele Jugendliche halten das aber nicht für wichtig, deshalb sollten die Politiker ein Gesetz erlassen, das die Jugendlichen dazu verpflichtet, die Klassenzimmer ordentlich zu verlassen.

Übung

Übung 111 Der folgende Aufsatz wurde zu dem Thema: „Welche Gründe gibt es, vorsichtig im Umgang mit dem Internet zu sein?" geschrieben. Er enthält viele Fehler. Finde sie heraus und korrigiere sie!

▶ Lösung Seite 166 f.

In der heutigen Zeit des Internets gibt es viele Informationen die man häufig umsonst haben kann. Doch welche Gründe gibt es, um vorsichtig mit dem Internet zu sein? Deshalb möchte ich mich im Folgenden mit den Gründen für die Vorsicht im Internet befassen.
Da heutzutage jeder verdienen möchte, muss man auf den Internetseiten aufpassen, dass wenn man ein Programm oder sonstige Informationen herunterlädt, man nicht die Einzugsermächtigung ausfüllt und sie per Internet abschickt, weil jeder kommt an die Einzugsermächtigung mit guten Computerkenntnissen heran. Da ich auch mal zufällig über eine Einzugsermächtigung gestollpert bin, ist es eigentlich nicht allzu schwer an eine zu kommen.

Außerdem raten viele Zeitschriften ab, sich per Internet anzumelden oder jegliche Information mit vertrauten Daten abzuschicken.
Der zweite Grund sind die Viren im Internet, da es sehr viele Viren laut statistischen Erfragungen der Zeitschrift PC-Welt gibt, sollte man sich ein Programm zulegen, das den Download auf Viren überprüft und dann erst das Programm auf die Festplatte lässt.
Ein weiterer Grund sind die Telefonkosten, wenn man sich einen „Onlinemeter" zulegt, der die „Onlinezeit" überprüft und man die Onlinekosten nicht überprüft, kann es einem passieren, wie einem Freund von mir, dass man am Ende des Monats eine Telefonrechnung über 470.– bekommt. Doch vorallem ist der wichtigste Grund der Schutz vor Hackern, man sollte immer auf die Anzeige des Modems achten wenn die Internetseite aufgebaut ist, ob das Modem weiterarbeitet oder nicht. Vorallemsollte man sich ein Schutzprogramm besorgen, dass einen Eingriff eines Hackers aus dem Internet auf die Festplatte verhindert.
Wenn das Modem arbeiten sollte, sollte man es sofort ausschalten, da sich sonst der Hacker einen Zugang auf die Festplatte verschafft und wichtige Informationen lesen oder sogar löschen kann.
Deshalb bin ich der Meinung, wenn man alle Vorkehrungen trifft und sich eine feste „Onlinezeit" bestimmt wie zum Beispiel eine Stunde pro Tag, kann man problem- und sorgenlos Durchs Internet surfen

4. Dialektische Erörterung

4.1 Die Kontroverse

In der Zeitung findet Susanne einen Artikel, der sie sehr interessiert. Das Abenteuer und der Umgang mit technischen Geräten haben sie schon immer gereizt, und so hatte sie überlegt, ob sie sich freiwillig zum Dienst in der Bundeswehr melden sollte. Doch sicher war sie sich überhaupt nicht. Und nun heißt es plötzlich, junge Frauen sollten, wie schon ihre männlichen Altersgenossen, zum Dienst in der Armee verpflichtet werden. Hier ist der Artikel:

Lesetext

Wehrpflicht auch für Frauen?

Verteidigungsexperten des Bundestages starten interfraktionelle Initiative

Berlin. **In der seit langem umstrittenen Frage, ob junge Frauen in gleicher Weise wie Männer der Wehrpflicht unterliegen und zum Grundwehrdienst eingezogen werden sollten, haben jetzt einige Verteidigungsexperten des Bundestages, darunter fünf Frauen, eine neue Initiative vergelegt.**

Da es mit dem Grundsatz der Gleichberechtigung von Frau und Mann nicht vereinbar sei, dass Frauen in geringerem Umfang als die Männer Verantwortung für die Sicherheit Deutschlands und seiner Bürger tragen würden, sei es an der Zeit, Frauen und Männern nicht nur gleiche Rechte zu gewähren, sondern auch gleiche Pflichten zuzumuten. Darüber hinaus würden immer weniger Männer einsehen, warum nur sie ein zeitliches Opfer für die Landesverteidigung bringen sollten. Schon jetzt können sich Frauen zum Dienst bei den Streitkräften, auch in der kämpfenden Truppe, verpflichten – allerdings auf freiwilliger Basis. Davon machen allerdings nur wenige Frauen Gebrauch. „Der Grund liegt darin, dass sie sich gar nicht mit dem Gedanken auseinander setzen“, vermutet Irma Hesse, die die Initiative gestern in einer Pressekonferenz vorstellte. Ganz anders bei den Männern.
„Für die Befreiung von der Wehrpflicht gibt es heutzutage aber keinen sachlichen Grund mehr“, erklärte Hesse. „Alle Argumente, die Frauen von der Wehrpflicht ausschließen, stehen auf tönernen Füßen: Den Zeitpunkt der Familiengründung bestimmen die Männer genauso mit, dass der Dienst bei den Streitkräften prinzipiell ‚unweiblich‘ ist, ist ein Klischee, das vor allem dafür herhalten muss, Frauen den Zugang zu Ausbildungsplätzen und Führungsposten in der Männerdomäne Bundeswehr zu verstellen.“ Tatsache sei, dass über die Wehrpflicht vielen Frauen das Tor

zur Bundeswehr überhaupt erst geöffnet würde, weil sie sich dann mit dem Gedanken an eine Laufbahn in der Armee auseinander setzen müssten. Erst dann könnten sie in vollem Umfang sowohl an den Ausbildungsmöglichkeiten als auch am Zugang zu Führungs- und Offizierspositionen partizipieren.
Wie nicht anders zu erwarten war, meldeten andere Politikerinnen und Politiker sofort Widerspruch gegen diese Initiative an.

Übung 112 *Wie stehst du zu dem Problem „Frauen in die Bundeswehr"? Kannst du dir denken, warum andere Sprecherinnen und Sprecher sofort Protest gegen die berichtete Initiative angemeldet haben?*

Übung

Susanne bringt den Artikel mit in die Schule, um mit ihren Klassenkameradinnen darüber zu diskutieren, und in der Tat erweist sich das Thema als recht konfliktträchtig.

„Ich find's gut. Das wurde ja auch endlich mal Zeit, dass sich da etwas tut. Aber wahrscheinlich kommt es sowieso nicht durch."
„Das kann man nur hoffen. Hast du etwa ernsthaft Lust, durch den Schlamm zu robben und mit den Typen zu lernen, wie man sich gegenseitig totschießt?"
„Da hast du wohl ein sehr einseitiges Bild. Mag sein, dass es in der Grundausbildung hart her geht, aber du übersiehst, dass es eine Anzahl qualifizierter Berufsausbildungen beim Bund gibt, bis hin zum Studium. Und das, wo Ausbildungsplätze heute so eine Seltenheit geworden sind."
„Ich hätte jedenfalls keine Lust, jeden Morgen um fünf aufzustehen, mir schon beim Frühstück blöde Witze anzuhören und nicht mal Zeit zu haben, mich schön zu machen."
„Nicht nur das, man kann wohl sagen, dass die Armee generell nichts für Frauen ist. Frauen sind dazu da, Leben auf die Welt zu bringen, nicht, es zu töten."
„Klingt schön, aber verstaubt. Wenn's danach ginge, säßen wir noch heute in keinem Büro oder an sonst einem Arbeitsplatz."
(...)

Übung 113 Welche Argumente werden genannt? Formuliere sie kurz in jeweils einem Satz.
▶ Lösung Seite 168

Übung 114 Kann man sie nach bestimmten Kriterien ordnen?
▶ Lösung Seite 168

Übung 115 Welche Argumente hältst du für mehr, welche für weniger stichhaltig?

Übung 116 Bestimmt fallen dir weitere Argumente für oder gegen die Einführung der Wehrpflicht für Frauen ein.
(Wenn nicht, denke einmal an die Bereiche: die Rolle der Frau in der Gesellschaft und in der Familie – personelle Situation der Bundeswehr – Miteinander von Frauen und Männern.*)*
Ergänze die Diskussion von oben noch um einige Beiträge.
Formuliere auch hier alle jeweils genannten Gründe in einem kurzen Satz.
▶ Lösung Seite 168

In den vergangenen Klassenstufen hast du bereits gelernt, wie man begründet zu einer Frage oder einem bestimmten Problem Stellung nimmt. Du verwendest dazu vor allem *Argumente,* die du sinnvoll aufeinander aufbaust, sodass die Leser deinen Standpunkt nachvollziehen, als logisch begreifen und ihn im Grunde auch annehmen müssten.
Ähnlich verhält es sich bei der kontroversen oder ‚dialektischen' Erörterung. „Dialektisch" ist eigentlich ein Begriff aus der Philosophie, der die Bildung einer Ansicht aus dem Gegenüber und dem Abwägen einer *These* und ihrer *Gegenthese* in Form einer *Synthese* bezeichnet. In der dialektischen Erörterung als Aufsatz geht es also darum, zwei Meinungen in schriftlich begründender Form gegeneinander abzuwägen und auf diese Weise zu einem logisch begründeten und nachvollziehbaren Urteil in einer bestimmten Frage zu kommen.
Die kontroverse „dialektische" Erörterung hat das Ziel, dass sich der Leser über ein Thema oder eine Fragestellung klar wird und zu einem *begründeten Urteil* kommt. Das bedeutet, dass die zu Grunde gelegte Frage meistens strittig ist. Es kommt dann darauf an, sich entweder für oder gegen einen bestimmten Standpunkt auszusprechen, indem

man sich zwischen den beiden Standpunkten (‚pro' und ‚contra') abwägend entscheidet.

Bei einer anderen Form der Erörterung, der so genannten steigernden Erörterung, kommt es darauf an, seine eigene Entscheidung in einer kontroversen Frage argumentativ so zu beantworten, dass sie als begründet nachvollziehbar wird.

4.2 Wie anfangen? Die Stoffsammlung

Wenn du eine Erörterung schreiben sollst, hast du zunächst die Aufgabe, möglichst viele Argumente zu sammeln. Dazu musst du versuchen, dir klar zu machen, welche verschiedenen Aspekte zu der dir gestellten Frage gehören und welche Argumente dazu passen könnten. Das gelingt dir, wenn du die Fragestellung in ihre einzelnen Bestandteile ‚zerlegst' und zu diesen Bestandteilen nach erläuternden Fragen suchst, etwa:

„SOLLEN	FRAUEN	ZUM WEHRDIENST	VERPFLICHTET WERDEN?"
können oder müssen? Freiwilligkeit?	Gleichberechtigung? Körperl. Aspekte, Gesundheitsgefährdung? Familie? Geld? Ausbildung?	In welcher Form: Dienst an der Waffe? Sekretärinnen? Schreibkräfte? Führungskräfte? Kasernenleben?	Zwang?

Übung 117 *Formuliere die einzelnen Aspekte zu vollständigen Fragesätzen um.*

▶ Lösung Seite 168 f.

Übung 118 *Überlege dir zu jeder einzelnen Frage deinen persönlichen Standpunkt. Formuliere deine Meinung zu jeder Fragestellung in Form eines einzelnen Satzes.*

Übung 119 *Wenn du deine Meinungen aus Übung 117 betrachtest – neigst du eher zur Pro- oder zur Contra-Seite, was die Wehrpflicht für Frauen betrifft? Vergleiche mit deiner ersten Meinungsäußerung aus Übung 112.*

Übung 120 *Gibt es weitere grundlegende Aspekte zur Thematik, die der Artikel, den Susanne in der Zeitung gefunden hat, nicht berücksichtigt?*

▶ Lösung Seite 169

Übung 121 *Untersuche auch die beiden folgenden Fragestellungen auf ihre einzelnen Bestandteile.*

- Soll das Tragen von Fahrradhelmen zur Pflicht für alle Radfahrer gemacht werden?
- Sollen Innenstädte grundsätzlich zu verkehrsberuhigten Zonen erklärt werden?

Verfahre wie bei Übung 117 und formuliere die Teilfragen.

Übung 122 *Schreibe anschließend deine Meinung zu jedem einzelnen Punkt auf und überlege, ob die einzelnen Aspekte eher zu ‚Pro' oder zu ‚Contra' gehören.*

4.3 Die Einleitung

Übung 123 *Bringe die einzelnen Bestandteile in eine sinnvolle Ordnung. (Ziel der Erörterung: klären, ob mehr Gründe für oder gegen eine Einführung der Wehrpflicht für Frauen sprechen.)*

▶ Lösung Seite 169

keine Verpflichtung zum Grundwehrdienst – von vielen als Vorteil und Privileg empfunden Konsequenz: viele setzen sich gar nicht ernsthaft mit der Möglichkeit auseinander, eine berufliche Laufbahn bei der Bundeswehr zu absolvieren – prinzipielle Möglichkeit zur freiwilligen Dienstverpflichtung wird nur von wenigen Frauen genutzt – meistens noch im Sanitätsdienst oder im Innendienst tätig – praktischer Ausschluss von einer Möglichkeit, berufliche Ausbildung und soziales Ansehen zu erwerben – von vielen auch als Benachteiligung angesehen

Die *Einleitung* hat die Aufgabe, den Leser an das Thema der Erörterung heranzuführen. Weil man nicht voraussetzen kann, dass sich der Leser von vornherein für die jeweilige Fragestellung interessiert, soll die Einleitung das Interesse des Lesers wecken.

Info

Übung 124 Verfasse aus dem Material eine Einleitung zu einem Aufsatz mit dem Thema: „Soll die Bundeswehr für Frauen geöffnet werden?".

Übung

Einige Zeit nach der Diskussion in der Schule liest Susanne einen längeren Zeitungsartikel, den sie später auch mit in die Schule nimmt, um das Gespräch mit ihren Freunden doch für sich entscheiden zu können. – Der Redakteur dieses Artikels hatte sich, als er damit begann, drei Möglichkeiten für den Anfang überlegt:

1. „Mein Sohn ist jetzt 18 Jahre alt und gerade mit der Schule fertig geworden. Doch kaum hat er das eine beendet, kommt schon das Nächste auf ihn zu: die Bundeswehr. Lust darauf hat er in keiner Weise und obendrein fühlt er sich auch noch ungerecht behandelt: Die jungen Frauen müssen ja auch nicht zur Bundeswehr. – Eigentlich ist das eine Ungerechtigkeit, da könnte er Recht haben …"

2. „Beim Bundesverteidigungsministerium gibt es Pläne, die Wehrpflicht auch für Frauen einzuführen. Ein Beitrag zur Gleichberechtigung der Frauen in unserer Gesellschaft und zur Chancengleichheit von Mädchen und Jungen?"

3. „Es ist fast wie früher beim Räuber-und-Gendarm-Spiel: Die Jungen wollen uns einfach nicht dabeihaben." So und ähnlich beklagen sich immer wieder junge Frauen darüber, dass sie bei der Bundeswehr zwar als Soldatinnen und Offiziersanwärterinnen formalrechtlich gleichberechtigt sind, in der Praxis aber doch vorwiegend als Mitarbeiterinnen im Sanitätsdienst oder im Küchenbereich akzeptiert werden. Sie hätten nichts dagegen, wenn ihnen über die allgemeine Wehrpflicht für alle das Tor zu sämtlichen Bereichen der Streitkräfte aufgestoßen würde.
Sollen also Frauen in Bezug auf die Bundeswehr die gleichen Rechte und Pflichten haben wie die Männer?"

Übung 125 Alle drei Anfänge sind für einen längeren Artikel zum Thema generell denkbar. Welcher gefällt dir am besten? Begründe kurz.

Übung 126 Prüfe zu den einzelnen Anfängen, wo sie ihren Ausgangspunkt haben. Überlege, was damit im jeweiligen Fall erreicht wird.
▶ Lösung Seite 169 f.

Die Einleitung kann auf verschiedene Art und Weise zum Thema hinführen, nämlich mit
- persönlichen Erfahrungen oder Gedanken,
- Fakten zur jeweiligen Fragestellung,
- einem aktuellen Ereignis oder einer Beobachtung,
- einem treffenden Zitat oder
- einer deutlichen Erklärung der betreffenden Fragestellung.

Übung 127 Überlege dir für jeden Einleitungstyp einen besonderen Vorteil, z. B.:
▶ Lösung Seite 170

persönliche Erfahrungen und Gedanken → das Thema wird für den Leser konkret, er weiß, warum der Verfasser darüber schreibt

Übung 128 *Formuliere eine Einleitung zu dem Thema „Wehrpflicht auch für Frauen?", die von einem aktuellen Ereignis oder einer Beobachtung ausgeht.*

Übung 129 *Formuliere drei Einleitungen nach den oben aufgeführten Typen zum Thema: „Schadet das Fernsehen der körperlichen und geistigen Gesundheit der Kinder?".*

4.4 Der Hauptteil

Im Hauptteil der Erörterung hast du die Aufgabe, das Pro und Contra zu deiner Fragestellung systematisch darzustellen und die einzelnen Argumente gegeneinander abzuwägen. Dazu müssen die Argumente in der Form von These – Begründung – ‚Stütze'/ Beleg möglichst schlüssig aufgebaut und angeordnet werden. Im Grunde hat der Hauptteil das Ziel, dass der Leser die Schlussfolgerung und das Ergebnis der Erörterung selbst zusammenfassend formulieren kann.

Hier der zweite Artikel, den Susanne gefunden hat:

Frauen in der Bundeswehr?

Neuer Streit um ein altes Thema

„Es ist fast wie früher beim Räuber-und-Gendarm-Spiel: Die Jungen wollen uns einfach nicht dabeihaben." So und ähnlich beklagen sich immer wieder junge Frauen darüber, dass sie bei der Bundeswehr zwar als Soldatinnen und Offiziersanwärterinnen formalrechtlich gleichberechtigt sind, in der Praxis aber doch vorwiegend als Mitarbeiterinnen im Sanitätsdienst oder im Küchenbereich akzeptiert werden. Sie hätten nichts dagegen, wenn ihnen über die allgemeine Wehrpflicht für alle das Tor zu sämtlichen Bereichen der Streitkräfte aufgestoßen würde.
Sollen also Frauen in Bezug auf die Bundeswehr die gleichen Rechte und Pflichten haben wie die Männer?
Einige Vertreterinnen sehen darin einen wichtigen Beitrag zur Gleichberechtigung von Frauen und Männern: Wenn Frauen in die ‚Männerdomäne' Bundeswehr einbrechen,

und zwar nicht nur als Sanitäterinnen, sondern auch als ausgebildete Scharfschützinnen, Brückenpioniere und Jagdbomber-Pilotinnen, wird mit dem Vorurteil aufgeräumt, Frauen seien in vielen Bereichen, in denen es um körperliche Belastbarkeit und technisches Können geht, nicht so leistungsfähig wie Männer. Eine Ausbildung in der Bundeswehr zu machen, würde für viele Frauen eine deutliche Verbesserung ihrer Berufschancen bedeuten, denn nach wie vor sind viele ‚Männerberufe' für Frauen zwar offiziell zugelassen, aber sie haben trotzdem keine Chance, ihr Können unter Beweis zu stellen. Eine KFZ-Mechanikerin, die bei der Armee LKWs repariert hat, eine Managerin in der Wirtschaft, die als Berufsoffizierin Erfahrung in Menschenführung gesammelt hat, wären dann Alltag, so wie es heute auch Ärztinnen, Lehrerinnen und Wissenschaftlerinnen gibt.

Für viele Frauen spricht aber die Gründung der eigenen Familie gegen eine mögliche Karriere bei der Bundeswehr. Doch ist das nicht bei anderen Berufen genauso? Und gilt dies nicht auch für Männer? Und wenn jemand sagt, eine Frau in Uniform wirke unweiblich, wird man dem entgegenhalten können, dass Abenteuerlust keine rein männliche Eigenschaft ist.

(...)

Platz für *Übung 136*

Insgesamt stellt sich also die Frage, ob die Wehrpflicht auch für Frauen eingeführt werden sollte, als sehr kontrovers dar. Ein Großteil der weiblichen Bevölkerung wird auf die ‚Lizenz zum Töten' liebend gern verzichten, eine andere, vermutlich kleinere Gruppe möchte zumindest offiziell das gleiche Recht verbürgt haben, wie es heutzutage bereits z. B. in Israel der Fall ist. Rein praktisch wird dem jedoch der momentan sinkende Bedarf an Soldaten entgegenstehen.

Übung 130 *Welche Argumente aus der Tabelle (zu Übung 116 im Lösungsteil) hat der Verfasser für seinen Bericht verwendet?*
▶ Lösung Seite 170

Übung 131 *Stelle das jeweilige Stichwort und die Form, wie es verwendet wurde, einander genau gegenüber, z. B.:*

Gleichberechtigung	→	Wenn Frauen in die „Männerdomäne" Bundeswehr einbrechen (...), wird mit dem Vorurteil aufgeräumt, Frauen seien in vielen Bereichen (...) nicht so leistungsfähig wie Männder.

Übung 132 *Prüfe: Worin besteht inhaltlich der Unterschied zwischen dem Stichwort in der Stoffsammlung und dem ausgearbeiteten Satz?*
▶ Lösung Seite 170

Übung 133 *Markiere zu den einzelnen Argumenten in dem Artikel die Thesen, Begründungen und ‚Stützen' (Beispiele/Konkretisierungen) mit unterschiedlichen Farben.*

Nachfolgend findest du einen ‚Argumentationssalat', bei dem Thesen, Begründungen und ‚Stützen' durcheinander geraten sind.

Wehrpflicht für Frauen steht nicht gegen Familiengründung

allgemeines Durchschnittsalter bei Familiengründung: 28 Jahre

auch die Ausbildung von Männern steht oft gegen eine frühe Familiengründung

Pro

junge Frauen finden oft keinen Ausbildungsplatz

Möglichkeit zu Einkommen und Unabhängigkeit

stärkt Selbstbewusstsein

oft werden Frauen, weil körperlich vielleicht schwächer, für weniger intelligent gehalten

KFZ-Mechanikerinnen und Führungskräfte in der Wirtschaft

räumt mit Vorurteilen auf

bessere Ausbildungsmöglichkeiten

verbessert soziale Lage Frauen

Frauen fühlen sich oft Männern unterlegen und wenig selbstbewusst

körperliches Training und Umgang mit trainierten Männern schafft Selbstbewusstsein

viele Frauen, v.a. allein stehende, sind finanziell schlechter gestellt

in vielen Berufen noch unter-repräsentiert

Anerkennung dadurch, dass sie ‚ihre Frau stehen'

viele Aus- und Weiterbildungsmöglichkeiten beim ‚Bund'

Contra

bringt das militärische Leben durcheinander

getrennte Kasernen-komplexe werden notwendig

Eltern immer älter, haben keinen ‚Draht' zu ihren Kindern mehr

Ausbildung an der Waffe geschieht für den Ernstfall

Soldaten müssen im Ernstfall töten – sollen Frauen das auch?

Frauen sind der körperlichen Belastung des Wehrdienstes nicht gewachsen

schadet der Gesundheit

verhindert zeitige Familiengründung

Frauen sollten froh sein, nicht zum Töten ausgebildet zu werden

Frauen über 35 gelten, wenn sie noch Kinder bekommen (wollen), als ‚spät gebärend'

Tests erweisen geringere körperliche Belastungsfähigkeit von Frauen

in der US-Armee entstehen hohe Kosten durch getrennte Unterbringung

Übung 134 Notiere in Form einer Tabelle: Wo handelt es sich um eine These, wo um eine Begründung und wo um eine ‚Stütze'? Ein Beispiel:
▶ Lösung Seite 170 f.

- stärkt Selbstbewusstsein (These)
- Frauen fühlen sich Männern gegenüber oft unterlegen. (Begründung)
- Training und Umgang mit trainierten Männern stärkt Selbstbewustsein. (*‚Stütze'/Beleg)*

Übung 135 Formuliere die entsprechenden vollständigen Argumente aus.

Übung 136 Setze unter Zuhilfenahme der aus Übung 134 zusätzlich herausgefundenen Argumente den Zeitungsartikel an der mit „(...)" frei gelassenen Stelle fort. Wenn dir noch weitere Argumente zum Thema einfallen, baue sie in den Artikel mit ein.

Übung 137 Was fällt dir auf, wenn du die Abfolge der einzelnen Argumente betrachtest?
▶ Lösung Seite 171

Normalerweise beginnt man im Hauptteil einer dialektischen Erörterung mit den wichtigsten Argumenten und ordnet sie nach abfallender Bedeutung an. Man kann es aber auch umgekehrt machen und mit weniger wichtigen Argumenten beginnen und das wichtigste Argument am Schluss nennen. Die Anordnung je nach der Wichtigkeit nennt man *Hierarchisierung.*
Wichtig ist, dass ein Prinzip der Hierarchisierung durchgehalten wird und erkennbar ist.

Übung 138 Im letzten Arbeitsschritt hast du die Anordnung der Argumente nach ihrer Wichtigkeit, die Hierarchisierung, kennen gelernt. Sieh dir nun den ersten Zeitungsbericht (S. 71) noch einmal an und prüfe, ob es noch ein weiteres Gliederungsprinzip gibt.
▶ Lösung Seite 171

Die jeweiligen Argumente und Gegenargumente können einander entweder einzeln oder in Form eines geschlossenen ‚Pro'-Blocks einem ‚Contra'-Block gegenüberstellt werden. – Wie bei der Hierarchisierung musst du aber auch hier darauf achten, dass du ein einmal gewähltes Ordnungsprinzip durchhältst.

Übung 139 Setze die hier begonnene Gliederung des Artikels fort:
▶ Lösung Seite 171

A. Einleitung: persönliches Beispiel

B. Hauptteil
   1. Pro-Block
      1) Gleichberechtigung
      2) Ausbildungs- und Berufschancen
      ...

   2. Contra-Block
      1) zu späte Familiengründung
      2) Wehrdienst ist ‚unweiblich'
      ...

C. Schluss

Übung 140 Erstelle die beiden entsprechenden Gliederungen (hierarchisch; Pro-/Contra-Block) zum Thema „Schadet Fernsehen der körperlichen und geistigen Gesundheit der Kinder?".

4.5 Die Argumente zu einer Argumentationskette miteinander verbinden

In deiner Erörterung sind die Argumente die Hauptsache. Jedoch sollte dein Aufsatz nicht so aussehen, als sei er nur eine bloße Anhäufung von einzelnen Gedanken und Begründungen. Der innere Zusammenhang deiner Argumentation wird bereits durch die Hierarchisierung deutlich. Ein weiterer wichtiger Beitrag dazu ist die Verbindung der einzelnen Argumente miteinander. Wenn du eine Erörterung so schreibst, *dass ein Argument aus dem anderen logisch folgt oder dass ein innerer Zusammenhang erkennbar ist,* wird dein Text schlüssig wirken und der Leser sich deinen Argumenten nicht entziehen können. Eine zusammenhängende Argumentation, eine so genannte *Argumentationskette*, wirkt logisch durchdacht und bekommt idealerweise etwas nahezu Zwingendes.

Argumente werden durch Überleitungsformeln miteinander verbunden, z. B. *weiterhin, darüber hinaus, wie sich schon aus dem zuletzt genannten Argument ergibt, wenn man das zuletzt Gesagte bedenkt, im Zusammenhang mit, ähnlich wie/anders als, vielleicht von etwas mehr/weniger Gewicht als die zuvor aufgeführten Gründe, aber dennoch von Bedeutung ist…*

Übung 141 Verbinde die drei Argumente zu einer Argumentationskette. Verwende dabei Überleitungsformeln und achte auch darauf, die Bestandteile der einzelnen Argumente logisch miteinander zu verknüpfen, z. B. durch konjunktionale Nebensätze.

▶ Lösung Seite 171 f.

1) Gleichberechtigung – viele Frauen haben keine Chance in bestehenden Berufen – Ausbildung beim ‚Bund' kann später Türen zu Arbeitsplätzen in KFZ-Werkstätten öffnen,
2) kein Widerspruch zur Familiengründung – Familiengründung auch abhängig von den Männern – Bundeswehr- und Ausbildungszeiten fallen bei den Männern ebenso ins Gewicht,
3) Abenteuerlust – Leben in der Kaserne und im Manöver unter ‚extremen' Bedingungen – Männer erzählen oft und begeistert davon.

Übung 142 Verfahre genauso bei den folgenden drei Argumenten zu einem anderen Thema („Schützen härtere Strafen die Umwelt?"). Hier musst du zu den Argumenten allerdings noch die Begründungen und ‚Stützen' finden.

▶ Lösung Seite 172

1) Härtere Strafen für Umweltvergehen stärken das Bewusstsein dafür, dass Kriminalität vorliegt.
2) Sie üben eine abschreckende Wirkung aus.
3) Es gibt dann eine einheitliche Regelung für alle.

Schreibe eine zusammenhängende Argumentationskette auf.

4.6 Der Schluss

Wie bereits verschiedene Einleitungen, so lassen sich auch verschiedene Fassungen für den Schluss zum Thema „Wehrpflicht auch für Frauen?" denken:

1) „Wenn man die aufgeführten Argumente gegeneinander abwägt, kommt man zu dem Ergebnis, dass wohl mehr Gründe dafür als dagegen sprechen, die allgemeine Wehrpflicht auch für Frauen einzuführen. Vielleicht kann auf individuelle Wünsche, was den (Nicht-)Einsatz bei bestimmten Truppenteilen betrifft, z. B. bei Brückenpionieren oder Gebirgsjägern, eingehen, so wie das heute nach der Grundausbildung vielfach schon der Fall ist.
   Aber im Sinne der Gleichberechtigung von Frau und Mann bin ich für eine vollständige Verwirklichung der allgemeinen Wehrpflicht, denn wenn für Frauen ein Dienst bei der Bundeswehr die Verbesserung ihrer beruflichen und wirtschaftlichen Situation bedeuten könnte, sollte man ihnen die Gelegenheit geben, sich mit dieser Möglichkeit ernsthaft auseinander zu setzen."

2) „Sollte also die allgemeine Wehrpflicht für Männer und für Frauen in gleicher Weise eingeführt werden? Es sprechen für mich mehr Gründe dafür als dagegen.
   Angesichts der Tatsache, dass im Moment immer weniger Soldaten benötigt werden, haben Frauen bei der Bewerbung um einen Posten als Zeitsoldatin erwiesenermaßen schlechtere Erfolgsaussichten als Männer. Eine allgemeine Wehrpflicht für alle würde eine Gerechtigkeitslücke schließen.
   Eine andere Dimension gewinnt die Frage allerdings vor dem Hintergrund der Diskussion um eine Berufsarmee. Eine Armee, die auf Freiwilligkeit basiert, sollte, wie das formal schon jetzt der Fall ist, grundsätzlich allen Mitgliedern der Gesellschaft offen stehen. Die allgemeine Wehrpflicht ist ein geeignetes Mittel, um dieses auch unter Frauen hinreichend bekannt und populär zu machen und sie so an allen Bereiches des gesellschaftlichen Lebens gleichberechtigt teilhaben zu lassen."

Der Schluss bringt deine Meinung, die du auf Grund deiner Argumentation gewonnen hast, zusammenfassend zum Ausdruck. Dabei kannst du das für dich wichtigste Argument, aber auch das entsprechende Gegenargument noch einmal kurz nennen. Der Schluss kann bestehen aus:

- einer zusammenfassenden ‚Bilanz' der Argumente oder
- einer abschließenden persönlichen Stellungnahme oder
- einem Ausblick auf zu erwartende künftige Entwicklungen zur Thematik oder
- einem persönlichen, aber sich auf die Argumentation stützenden Wunsch, der sich auf die Thematik bezieht.

Info

Übung 143 *Zu welcher Art Schluss gehören die beiden Beispiele?*
▶ Lösung Seite 172

Übung

Übung 144 *Verfasse einen Schluss für die beiden anderen Typen.*
▶ Lösung Seite 172 f.

Übung

5. Das Referat

In einem Referat sollst du verschiedene Gesichtspunkte eines Themas in Form eines Kurzreferates oder auch eines längeren mündlichen Vortrags darstellen. In diesem Kapitel lernst du die wichtigsten Schritte zur Erstellung eines Referates.

5.1 Die Vorbereitungen

Klaus soll ein Referat über Computerspiele vor seiner Klasse halten. Er weiß nicht, wie er anfangen soll. Sein Vater sagt zu ihm: „Struktur und Planung sind das halbe Referat!“ Also setzt sich Klaus zu Hause an seinen Schreibtisch und überlegt, wie er vorgehen soll.

Info

Bei einem Referat ist es notwendig, die einzelnen Arbeitsschritte vorher genau zu planen, weil man es häufig mit sehr viel Informationsmaterial zu tun hat, bei dem man schnell den Überblick verliert, wenn man die Vorgehensweise vorher nicht genau durchdacht hat.

Klaus schreibt sich verschiedene Arbeitsschritte auf Zettel. Die notierten Schritte sind:

Was ist genau mein Thema? Über was will ich genau informieren?

Wer ist mein Publikum?

Wie soll ich meinen Vortrag halten?

Welchen Aufbau wähle ich für mein Referat?

Welche zusätzlichen Mittel setze ich ein?

Wie komme ich an Informationen?

Übung 145 Erläutere, was die einzelnen Punkte genau verlangen!
▶ Lösung Seite 173

Übung

Übung 146 Bringe die verschiedenen Arbeitsschritte in eine chronologische Ordnung, indem du entscheidest, welche sinnvollerweise am Beginn der Vorbereitung stehen und welche eher am Ende behandelt werden sollen!
▶ Lösung Seite 173

Übung

5.2 Die Bestimmung des Themas

Wenn dein Thema nicht ganz präzise vorgegeben ist, musst du es zunächst selbst bestimmen. Bei der Bestimmung des Themas formulierst du Fragen, die für dich oder allgemein von Interesse sein können. Sie geben dir Anhaltspunkte, was du in deinem Referat behandeln kannst.

Info

Zu dem Thema „Computerspiele“ hat sich Klaus mit Hilfe von „W-Fragen“ folgende Gesichtspunkte überlegt:

- Welche Computerspiele gibt es?
- Welchen Schaden können sie anrichten?
- Was versteht man unter Computerspielen?
- Was macht die Anziehungskraft aus?
- Welche Gefahren sind mit Computerspielen verbunden?
- Wer spielt?
- Wie lange ist die durchschnittliche Spieldauer?
- Warum wird gespielt?
- Welche Folgen kann häufiges Computerspielen haben?

Übung 147 Überlege dir weitere Gesichtspunkte mit Hilfe von „W-Fragen“!
▶ Lösung Seite 173

Übung

Übung

Übung 148 Fasse ähnliche Gesichtspunkte zusammen!
Klaus merkt, dass das Thema „Computerspiele" sehr vielschichtig ist, d. h., dass es eine große Zahl von Gesichtspunkten gibt, die er bei der Behandlung berücksichtigen kann. Da er aber nicht alle Gesichtspunkte in seinem Referat besprechen kann, entscheidet er sich für solche Fragestellungen, von denen er meint, dass sie auch seine Zuhörer interessieren. Diese Gesichtspunkte lauten:

→ Welche verschiedenen Spiele gibt es?
→ Wer spielt wie lange und mit wem?
→ Welche Folgen hat häufiges Computerspielen?
▶ Lösung Seite 174

Info

Wenn du dir die Tiefe eines Themas durch „W-Fragen" bewusst gemacht hast, kannst du die Gesichtspunkte bestimmen, auf denen der Schwerpunkt deines Referates liegen soll.

5.3 Die Informationsbeschaffung

Info

Einer der wichtigsten Arbeitsschritte bei der Vorbereitung eines Referates ist die Sammlung von Informationen, die Stoffsammlung.

Zu den ausgewählten Schwerpunkten sucht Klaus Informationen. Er geht zunächst in die Stadtbücherei und fragt die Bibliothekarin nach Literatur über Computerspiele. Die Bücherei hat ihre Buchverwaltung noch nicht auf EDV umgestellt. Hätte sie einen Computer, bräuchte man nur das Stichwort „Computerspiele" eingeben, sofort würden alle Titel über das Thema angezeigt.
Die Bibliothekarin verweist ihn auf die Kataloge. Da Klaus weder Verfasser noch Titel eines Buches über Computerspiele kennt, kann er nicht im *alphabetischen Katalog* nachsehen. Also schlägt er im *Schlagwortkatalog* nach und findet den Eintrag:

```
Computer-Spiele                Ybh
```

Die Signatur „Ybh" verweist ihn auf den *Systematischen Katalog*. Dort findet er unter der Signatur „Ybh":

```
Ybh
Baum       Baumann, Rüdeger:
           Computerspiele und Knobe-
           leien programmiert in
           BASIC. - 3. Aufl. Würzburg:
           Vogel, 1983. - 304 S.:
           Ill. graf. Darst. - (Chip-
           Wissen: Applikation)
                                  30.-
```

Klaus geht zu dem Regal, wo alle Bücher stehen, die mit der Signatur „Ybh" beginnen, und findet dort das entsprechende Buch.

Übung 149 *Versuche alle Angaben auf der Katalogkarte zu erklären!*
▶ Lösung Seite 174

Übung 150 *Welche anderen Informationsquellen hätte Klaus benutzen können? Welche Vorteile und welche Nachteile haben die jeweiligen Quellen?*
▶ Lösung Seite 174

Klaus will auch etwas über Chancen und Gefahren von Computerspielen sagen. Von seinem Klassenlehrer bekommt er die Adresse von der Aktion Jugendschutz in Stuttgart. Er schreibt einen Brief an diese

Organisation und bittet um Informationsmaterial über Computerspiele.

Übung

Übung 151 Wie würdest du einen solchen Brief formulieren?

▶ Lösung Seite 175

Wenige Tage später erhält er eine Broschüre mit dem Titel „Spielzeug Bildschirm". Auf den Seiten 5 und 6 dieser Broschüre geht es um „Chancen und Gefahren einer neuen Technik". Dies interessiert Klaus im Hinblick auf sein Referat ganz besonders.

Übung

Übung 152 Markiere die wesentlichen Informationen!

▶ Lösung Seite 175 f.

Übung

Übung 153 Exzerpiere die wesentlichen Aussagen mit eigenen Worten!

▶ Lösung Seite 175 f.

Info

Exzerpieren heißt, wichtige Aussagen eines Textes mit eigenen Worten zusammenfassen und herausschreiben.

Lesetext

Chancen und Gefahren einer neuen Technik

Einstieg in die Computerprogrammierung

Ein Jugendlicher, der sich den sachgerechten Umgang mit dem Computer angeeignet und diese Fertigkeit geübt hat, kann sich eventuell leichter in einem entsprechenden Beruf zurechtfinden. Das darf jedoch nicht zu einer Computerhörigkeit führen, auch in den nächsten Jahren wird es Arbeitsplätze geben, in denen der Computer nicht das Hauptinstrument ist.

Unterhaltung vor dem Bildschirm

Mit dem Computer hat sich ein weiteres Mittel zur Unterhaltung gefunden, das Spaß machen kann, so lange der Leistungsaspekt des Abschaltens unterlegen ist. Je nach schulischer und beruflicher Anspannung können Spiele, die strategisches Planen oder Geschicklichkeit verlangen, helfen abzuschalten. Dabei sollte jedoch nicht vergessen werden, dass das Spiel am Computer Konzentration verlangt und da her weder Augen noch Körper noch Geist die benötigte Erholung verschafft.

Lernmotivation
Gezielt eingesetzte Computerspiele können in Schulen und Seminaren die Lernmotivation als neues didaktisches Mittel steigern. Dabei sollten jedoch die Chancen bisher bekannter Methoden genutzt und nicht – nur weil die Technik mehr fasziniert – ersetzt werden.

Neue Möglichkeit zur Weckung kreativen Potenzials
Jugendliche, die kein Interesse oder keine Begabung zu herkömmlichen kreativen Angeboten wie Malen, Basteln, Schreiben haben, können bei entsprechender Anregung und Hilfestellung den Computer nutzen, um schöpferische Kräfte zu entwickeln, z. B. durch die Erstellung von Grafik- und Musikprogrammen.

1. Gefahren des exzessiven Computerspiels

Rückzug von sozialen Kontakten
Viele Computerfreaks spielen zwar miteinander, doch beschränkt sich die Kommunikation auf den Austausch über die erreichten Punkte. Kontaktscheuen Kindern und Jugendlichen wird mit einem eigenen Computer quasi die Legitimierung für den Rückzug aus der Umwelt gegeben. Sie ziehen sich an ihr Bildschirmgerät zurück und werden von ihren Eltern dafür häufig noch gelobt. Die Fähigkeit, sich anderen anzuschließen, wird nicht eingeübt.

Flucht vor der Wirklichkeit
Wie andere Medien kann der Computer dazu genutzt werden, den Alltag zu vergessen. Entspannung ist notwendig, doch kann gerade das Sich-Versenken in ein Computerspiel und der scheinbare Erfolg durch eine hohe Punktzahl dazu führen, dass sich die Spieler selbstsicher und draufgängerisch verhalten und dabei die Realität vergessen.

Fehlende Realerfahrung
Ebenso wie bei der übermäßigen Nutzung anderer Medien verringert sich auch bei der intensiven Beschäftigung mit dem Computer die Zeit und Gelegenheit, eigene Erfahrungen in der Umwelt zu machen. Das Bildschirmerlebnis ersetzt das eigene Erleben und lässt dabei die Komplexität einer Handlung außer Acht.

Einseitiges Denken
Die Fähigkeit, einen Computer zu beherrschen, wird in den nächsten Jahren zunehmend

gefordert. Doch verlangen weiterhin viele Tätigkeiten logisches Denken, Kreativität, etc., diese Fertigkeiten bzw. Gewohnheiten werden vielfach beim Spiel am Bildschirm nicht oder kaum geübt.

2. Gefährdung durch Spielinhalte

Drei Faktoren bestimmen die Wirkungen:
1. Das Medium mit seinen Inhalten und Darstellungsmöglichkeiten, dazu gehört das Thema, die Handlungsweise im Spiel, aber auch die mehr oder weniger realistische Darstellung der Situation, die durch die Veränderungen auf dem Computermarkt immer realitätsgetreuer wird.
2. Die Voraussetzungen, die der Einzelne mitbringt, seine Erfahrungen mit den Spielen und ihren Inhalten, seine bisherigen Erlebnisse und Meinungen bezüglich der Inhalte, die Einstellung der Eltern und Freunde, etc.
3. Die Situation, in der sich der Spieler befindet, ob er unter dem Leistungsdruck der Gruppe steht, gut gelaunt ist oder einen Misserfolg verarbeiten muss.

Gewalt als einzige Lösung von Konflikten
In vielen Spielen kann eine hohe Punktzahl nur erreicht werden, indem Gewalt angewandt wird, ob nun eine Person auf der Straße überfahren oder mit klassischen und modernen Waffen gekämpft werden muss. Gewalt gilt als selbstverständliches Mittel zur Lösung von Konflikten und um Anerkennung zu erringen. Strategie, Überlegung und Argumentation sind nur bei wenigen Spielen gefragt.
Der Mensch kann gegenüber realer Gewalt abstumpfen und sie kommentarlos hinnehmen, nachdem er sich durch häufiges Anschauen und Anwenden der Bildschirmgewalt an sie gewöhnt hat.

Verstärkung von Vorurteilen
Medien sind nur selten in der Lage, neue Vorurteile zu prägen, wo konträre reale Erfahrungen gemacht wurden. Sie können jedoch latente Feindbilder, wie sie manche Zeitungen, Parteien, Familien, aber auch eigene Erlebnisse vermittelt haben, verstärken. Gerade in Bezug auf Ausländer ist dies besonders ernst zu nehmen.

Verharmlosung von Krieg
Der Krieg wird in Computerspielen als Situation dargestellt, die der Unterhaltung dient, es gibt keine Hinweise auf die wirklichen Zusammenhänge und Auswirkungen eines Krieges. Atombomben und Handfeuerwaffen werden mit Hilfe

eines Joysticks auf dem Bildschirm ausgelöst, ohne dass die Spieler die realen Folgen solcher Waffen kennen. Ein Krieg kann nur mittels Niederlage im Kampf entschieden werden.

Frauen als Lustobjekt
Jugendliche müssen anhand von Kontakten zum anderen Geschlecht ein Bild von Frauen aufbauen. Die Bilder, die Computerspiele von Frauen in ihrer Beziehung zu Männern zeigen, vermitteln den Eindruck, als seien alle Frauen darauf aus, von einem Mann als Sexualobjekt gebraucht zu werden. Männer werden in der Regel als Herrscher über Frauen dargestellt, die das Recht haben, über sie zu verfügen.

3. Falsche Einschätzung eines neuen Mediums

Bleibender Leistungsdruck
Die Freizeit wird nicht genutzt, um sich von dem Erfolgsdruck in Schule und Beruf zu erholen. Durch die Versuche, möglichst viele Punkte und einen möglichst hohen Gewinn zu erreichen, entsteht ein neuer Leistungsdruck.

Neue Spannung statt Entspannung
Das Durchspielen eines Computerspiels verlangt z. T. eine hohe Konzentration, dadurch tritt keine Entspannung ein, sondern eine Ermüdung, die verbunden mit dem Ärger über verlorene Spiele, zu einer erhöhten Gereiztheit führen kann.

Tausch von Raubkopien
Durch die Herstellung und Verbreitung von Raubkopien verstoßen Jugendliche gegen das Urheberrecht. Fast alle Jugendlichen erweitern ihren Spielebestand durch den Tausch kopierter Software auf dem Schulhof oder über Kleinanzeigen in Computerzeitungen und machen sich dadurch strafbar.
Ein Verstoß gegen das Vervielfältigungsverbot bringt den Jugendlichen an den Rand des Gesetzes, das kann glimpflich ausgehen, aber auch zu Schadensersatzforderungen von Computerfirmen führen.

Hacken und Cracken
Hacker und Cracker tauchen in den Medien immer wieder auf, wenn sie in einen großen und wichtigen Computer durch Überwindung von Sperrcodes eingedrungen sind und Daten abgefragt oder verändert haben. Auch dies ist eine strafbare Handlung, die zu einer Verurteilung führen kann.

(Aus: Spielzeug Bildschirm. Hrsg. vom AJS. Stuttgart 1990, S. 5 f)

Klaus entschließt sich außerdem, eine Umfrage in seiner Schule zu machen, weil er dann die aktuellsten Informationen über Spielarten und Umgang mit Spielen bekommen kann. Für diese Umfrage entwickelt er den folgenden Fragebogen:

Umfrage Computerspiele

Bitte beantworte die Fragen ehrlich und möglichst schnell! Gib den ausgefüllten Fragebogen bei Klaus, Klasse 10a, wieder ab. Danke für deine Mithilfe!!

1. Bist du	männlich ☐ weiblich ☐
2. Wie alt bist du?	____________ Jahre
3. Hast du schon einmal ein Computerspiel gespielt?	Ja ☐ Nein ☐
4. Wenn ja, welche Computerspiele spielst du am liebsten? (möglichst 2 Spielnamen nennen)	____________ ____________
5. Wie viel Zeit verbringst du durchschnittlich pro Woche mit Computerspielen?	ca. ______ Stunden
6. Spielst du hauptsächlich	allein? ☐ mit Freunden? ☐

Nach einer Woche hat er alle Fragebögen wieder eingesammelt und wertet sie aus. Hier ist das Ergebnis:

- Gesamtzahl: 178
- zu Frage 1: männlich: 99, weiblich: 79
- zu Frage 2: Alter: von 14 bis 21
- zu Frage 3: alle haben schon Computerspiele gespielt
- zu Frage 4:

Spielname	*Spielerzahl*
Tetris	30
Solitär	15
Doom	15
Soccer	9

weiter 4

Snake	9
Super Mario	9
C&C	7
Football Manager	5
Lemminge	5
Warcraft	4
Streetfighter	4
Wing Commander, Anstoß, Pit Stop, NHL, Sim City, Pinball, NBA, Indy, Worms, Hugo, Strip Poker, Defender Of The Crown, Duke Nukem, Dune, Minesweeper, ATP, Summer Games, Monkey Island, Siedler	je 3

- zu Frage 5: Spielzeit pro Woche: 0–36 Stunden (einmal genannt, Spitzenwert), durchschnittlich 2 Stunden

- zu Frage 6:

männlich	Anzahl	
Alter	allein	mit Freunden
14	6	5
15	11	10
16	20	10
17	6	9
18	3	6
19	3	7
20	1	0
21	1	1

weiblich	Anzahl	
Alter	allein	mit Freunden
14	5	6
15	5	6
16	15	5
17	9	6
18	3	5
19	3	7
20	1	1
21	1	1

Übung 154 *Fasse die wichtigsten Umfrageergebnisse der Tabellen zu Frage 4 und Frage 6 mit eigenen Worten zusammen!*
▶ Lösung Seite 176

Übung 155 *Welche Ergebnisse haben dich überrascht, mit welchen Ergebnissen hast du gerechnet?*
▶ Lösung Seite 176

Alle wichtigen Informationen für ein Referat erhält man normalerweise aus Büchern oder Broschüren, die man in Bibliotheken einsehen kann. Die Informationen müssen herausgeschrieben werden, damit sie später im Referat verwendet werden können.
Andere Informationsquellen sind das Internet, staatliche Einrichtungen oder natürlich Zeitungen.
Manchmal bietet es sich auch an, eigene Recherchen, z. B. Umfragen, zu einem bestimmten Thema zu starten. Diese sind aber sehr zeitaufwändig.

5.4 Der Aufbau des Referats

Jetzt hat Klaus eine Menge an Informationen zusammen. Die Fülle des Materials lässt ihn fast verzweifeln. Es gehen ihm viele Fragen durch den Kopf:

Wie soll ich meine Informationen präsentieren? Wie soll ich mein Referat aufbauen? Welche Materialien soll ich verwenden? Soll ich ein Thesenblatt machen? Ist es besser, wenn ich mir nur Stichworte auf einen Zettel notiere oder soll ich mein Referat wortwörtlich ausarbeiten und vorlesen? Wird mir überhaupt jemand zuhören?

Die Präsentation, d. h. die Darstellung, entscheidet, ob ein Referat ankommt oder nicht. Bevor man ein Referat entwirft, muss man sich die vier einfachen Präsentationsfragen beantworten:

- *Wer sind meine Zuhörer?*
- *Haben meine Zuhörer möglicherweise Vorkenntnisse?*
- *In welcher Situation muss ich mein Referat halten?*
- *Welche Präsentationsmittel stehen mir zur Verfügung?*

Klaus überlegt sich Antworten zu den vier einfachen Präsentationsfragen:

Wer sind meine Zuhörer? 33 Mitschüler und ein Lehrer, also vertraute Personen. Konsequenz: Sprache des Referats kann also auch umgangssprachliche Wendungen haben, Referat muss nicht vollkommen ausformuliert sein, Raum für spontane Einfälle ist da.

Haben meine Zuhörer möglicherweise Vorkenntnisse? Einige haben mehr, andere weniger Vorkenntnisse. Konsequenz: Referat kann auch grundlegende Basisinformationen enthalten, ohne dass die Zuhörer gelangweilt sind, weil sie sie schon kennen. Es kann aber auch weiterführende Informationen enthalten, die für beide Gruppen interessant sind.

In welcher Situation muss ich mein Referat halten? Mittwoch, 8. Stunde, 34 Personen, die sich wahrscheinlich nicht mehr so gut konzentrieren können. Konsequenz: Referat muss anschaulich sein, Hilfsmittel, z. B. Folien oder Thesenpapier, sollten eingesetzt werden. Ein Blatt mit der Gliederung des Referates zeigt zudem, wo sich der Referent thematisch gerade befindet. Außerdem sollte das Referat frei gehalten werden, da die freie Formulierung die Aufmerksamkeit der Zuhörer erhöht.

Welche Präsentationsmöglichkeiten stehen mir zur Verfügung? Overheadprojektor, Kopien, Tafel, evtl. Computer

→ Für die Präsentation des Referats von Klaus ergibt sich somit:
Klaus hält das Referat frei auf der Grundlage eines Stichwortzettels. Er teilt die Gliederung seines Referates aus. Als Hilfsmittel setzt er eine Folie und die Tafel ein.

Übung 156 Welche zusätzlichen Präsentationsmittel könnte Klaus verwenden?
▶ Lösung Seite 176

Übung 157 Überlege, für welche Zielgruppe ein solches Referat auch noch geeignet wäre! Was müsste Klaus ändern, wenn er sein Referat vor Mitarbeitern von Computerfirmen halten wollte?
▶ Lösung Seite 176

Nachdem es für Klaus geklärt ist, was seine Zuhörer wohl erwarten und in welcher Situation er sein Referat halten muss, entwirft er seinen Stichwortzettel. Der Stichwortzettel ist für ihn der „rote Faden", der ihm den Weg durch seine vielfältigen Informationen zeigt.

Stichwortzettel „Referat über Computerspiele"
(Begrüßung, Thema nennen, Gliederung austeilen)

→ Überblick über Referat. Was erwarten die Zuhörer?
1. Teil: Welche verschiedenen Spiele gibt es?
2. Teil: Wer spielt wie lange und mit wem? (Umfrageergebnis)
3. Teil: Welche Folgen hat häufiges Computerspielen?

→ 1.Teil: Welche verschiedenen Spiele gibt es?
evtl. erste persönliche Begegnung mit Computerspielen erzählen
Einteilung in:

- „Einsteigerspiele": Solitär, Skat, Pinball, Schach (kurz erläutern)
- „Strategiespiele": z. B. Sim City (kurz erläutern)
- „Abenteuer- und Kampfspiele": z. B. Doom, Quake, Duke Nukem (kurz erläutern, evtl. am Computer ein Spiel demonstrieren)
- „Sportspiele": Ran, NHL, Winter Games (kurz erläutern)

Die fünf beliebtesten Spiele in unserer Schule:
Ergebnis von Frage 4 der Umfrage auf Folie auflegen

→ 2. Teil: Wer spielt wie lange und mit wem?
Ergebnis aus Frage 5 der Umfrage vortragen:
durchschnittlich 2 Stunden
Tabelle aus Frage 6 als Folie auflegen und erläutern;
wichtig (besonders betonen!!): Meist werden Spiele allein gespielt!

→ 3. Teil: Welche Folgen hat häufiges Computerspielen?
positive Folgen: *lernt Umgang mit PC, kreativ, motivierend, unterhaltend*
negative Folgen: *Einsamkeit, Wirklichkeitsflucht, Gewalt in Spielen, Ermüdung, Suchtgefahr*
positive und negative Folgen als Stichworte an die Tafel schreiben!

→ Schluss: Computerspiele als sinnvolle Bereicherung, aber aufpassen, dass man sich von Computer nicht beherrschen lässt!

Übung 158 *Welche Bedeutung haben die unterstrichenen Stellen im Stichwortzettel?*
▶ Lösung Seite 177

Übung 159 *Klaus legt die Ergebnisse aus Frage 6 als Tabelle vor. Welches sind die Vorteile, welches sind die Nachteile, wenn man die Tabelle als Präsentationsmittel wählt?*
▶ Lösung Seite 177

Übung 160 *Versuche einmal, aus der Tabelle zu Frage 6 zwei Schaubilder (männlich, weiblich) zu entwerfen, auf denen man auf einen Blick die wichtigsten Aussagen erkennt!*
▶ Lösung Seite 177

Übung 161 *Klaus hat noch eine Tabelle aus den Ergebnissen seiner Umfrage erstellt:*
▶ Lösung Seite 178

ALTER	Sportspiele	Abenteuer- und Kampfspiele	Strategiespiele	Einsteigerspiele	keine genannt
14	5	4	1	12	0
15	8	12	5	5	2
16	3	21	15	10	1
17	10	11	8	1	0
18	5	6	3	2	1
19	3	4	10	1	2
20	1	1	0	1	0
21	1	1	0	1	1
GESCHLECHT					
männlich	30	34	30	4	1
weiblich	6	26	12	29	6

Erläutere, auf welche Fragen diese Tabelle Auskunft gibt und welche Schlüsse nicht aus ihr gezogen werden können!
Stelle die Ergebnisse der Tabelle übersichtlich in Form zweier Schaubilder dar! Für die Darstellung kannst du auch einen Computer und ein entsprechendes Programm, z. B. MS Graph, benutzen!

Info

Ein Thesenpapier ist die ausformulierte Zusammenfassung des Referates.

Übung

Übung 162 *Erstelle ein Thesenpapier zum Stichwortzettel von Klaus!*
▶ Lösung Seite 179 f.

Übung

Übung 163 *Überlege, wann man als Referent sinnvollerweise ein Thesenpapier einsetzt!*
▶ Lösung Seite 180

Info

Nach der Klärung der Präsentationsfragen entscheidet man sich, ob man ein Referat mit Hilfe eines Stichwortzettels oder mit Hilfe einer ausformulierten Vorlage hält. Den Zuhörern kann man entweder die Gliederung oder ein Thesenpapier an die Hand geben. Ein Referat wird durch die eingesetzten Präsentationsmittel anschaulicher und für die Zuhörer interessanter.

5.5 Die Vortragsregeln

Info

Das Ziel eines Vortrages ist, die Zuhörer für das eigene Thema zu interessieren. Erst ihr Interesse ermöglicht es, sie mit dem eigenen Thema vertraut zu machen. Auch ein inhaltlich gut vorbereitetes Referat kann seine Wirkung verfehlen, wenn man sich vorher nicht genau überlegt hat, mit welchen Vortragsmitteln man die Aufmerksamkeit der Zuhörer bekommt.

Übung

Übung 164 *In der folgenden Aufstellung sind gute und schlechte Merkmale eines Vortrages durcheinander geraten. Markiere die Merkmale eines guten Vortrages!*
▶ Lösung Seite 180

Die Merkmale eines guten Vortrages sind:

viele Exkurse

immer auf den Lehrer schauen

möglichst brüllen, damit alle den Vortrag hören und dabei nicht einschlafen

Zuhörern Pausen zum Nachdenken über das Gehörte gönnen

eintöniger Vortrag

monotone Stimme

Stimme heben

abwechslungsreich

immer auf die Uhr schauen

Wort für Wort ablesen

möglichst schnell, d. h. Zeit sparend, vorlesen

keine Pausen machen

langatmig

Zwischenfragen zulassen

Pausen machen

in normaler Sprechgeschwindigkeit formulieren

viele Fremdwörter benutzen

möglichst viele Folien auflegen

immer mit einer freundlichen, ruhigen Stimme sprechen

Blickkontakt mit den Zuhörern suchen

Info

Übung 165 Welche Vortragsmittel sollte man verwenden, wenn man nicht will, dass die Zuhörer etwas vom Vortrag mitbekommen?

▶ Lösung Seite 180

Übung

Übung

Übung 166 Das Referat von Klaus war ein großer Erfolg. Er hat alle wichtigen Vortragsregeln beherzigt und seine Mitschüler auch noch in der achten Stunde mit einem lebendigen und anschaulichen Referat informieren können. Am nächsten Tag hat Gudrun das folgende Referat vor der Klasse vorgelesen. Das Referat war ein voller Misserfolg, einige Mitschüler sind sogar dabei eingeschlafen. Warum ist das Referat von Gudrun nicht so gut angekommen wie das von Klaus?

▶ Lösung Seite 180

Lesetext

Gudruns Referat:

Friedrich Dürrenmatt: *Die Physiker*

Der Schweizer Friedrich Dürrenmatt gehörte zu den ganz Großen der deutschsprachigen Nachkriegsliteratur. Er wurde am 5.1.1921 in Konolfingen (Kanton Bern) geboren und starb am 14.12.1990 im Neuchatel (Schweiz). Das Stück *Die Physiker* fällt unter die dramatischen Werke des Autors. Als das Stück entstand, verfügten die USA und die Sowjetunion bereits über Waffenarsenale, die ausreichten, die Menschheit mehrfach auszulöschen. Die Atombombe ist der Höhepunkt der Unvernunft. Ich finde, dass man sie wirklich sofort abschaffen sollte. Auch die Kernkraftwerke. Gegen diese weltweit herrschende Irrationalität legt Dürrenmatts Stück Einspruch ein – weil die Welt verrückt ist, sind die Vernünftigen im Irrenhaus. Die dramatische Komödie handelt von drei Physikern, die in einer psychiatrischen Anstalt in der Schweiz leben. Einer hält sich für Newton, der Zweite für Einstein, während Möbius, der dritte Physiker im Bunde, angeblich mit König Salomon in Kontakt steht. Zwar tötet jeder der drei eine Krankenschwester, aber trotzdem sind die Herren nicht verrückt. Im Gegenteil, der Physiker Möbius hat eine geniale Entdeckung gemacht und versteckt sich freiwillig im Irrenhaus, um so zu verhindern, dass die von ihm entdeckte Weltformel zum Schaden der Menschheit ausgenutzt wird. Newton und Einstein sind im Auftrag zweier konkurrierender Geheimdienste, die die Weltformel in ihren Besitz bringen möchten. In einer Auseinandersetzung über das Verhältnis von Wissenschaft und Macht gelingt es Möbius, die Agenten auf seine Seite zu bringen. Seine Forschungsergebnisse würden den Weltfrieden gefährden, deshalb hat er sie alle verbrannt. Doch die verrückte Anstaltsleiterin hat heimlich seine Aufzeichnungen kopiert und strebt nun selbst zur Weltherrschaft.

Auch wenn Gudruns Referat vor allem wegen ihrer Präsentationsweise nicht gut angekommen ist, so erkennt man doch deutlich, dass sie sich beim Aufbau Gedanken gemacht hat. Sie verwendet eine Struktur, die sich bei Referaten über literarische Themen bewährt hat:

Aufbau eine Referats über literarische Themen, wenn keine Fragestellung vorgegeben ist:

→ 1. Einleitung mit kurzem charakteristischen Zitat aus dem vorzustellenden Werk
→ 2. kurze Vorstellung des Dichters
→ 3. Inhalt, auf das Wesentliche beschränkt
→ 4. persönliche Wertung: Lohnt sich die Lektüre? Begründung.

Die Vortragsmittel, mit denen man die Aufmerksamkeit der Zuhörer gewinnt, sind: Anschaulichkeit, Abwechslungsreichtum, Blickkontakt mit den Zuhörern, eine freundliche, ruhige Stimme, eine normale Sprechgeschwindigkeit, Pausen zum Nachdenken gewähren und Zwischenfragen zulassen. Wird ein Referat nur vom Blatt abgelesen, so verliert der Referent recht bald die Aufmerksamkeit der Zuhörer. Bei der Vorbereitung eines Vortrages sollte man sich auch in die Lage der Zuhörer versetzen und sich dabei fragen, wie man selbst gerne einen Vortrag präsentiert bekommen möchte.

6. Die Charakteristik

6.1 Zur Funktion einer Charakteristik

Definition „Charakterisierung"
Charakterisierung, „die Wesensbeschreibung von Figuren dichterischer Texte, insbes. Dramen, kann auf zweierlei Art erfolgen: 1. direkt, d. h. durch Angaben anderer Figuren desselben Stückes, aus denen der Zuschauer Einsicht in die beschriebene Figur gewinnt, 2. indirekt, d. h. der Zuschauer muss aus dem Benehmen der Gestalt selbst Schlüsse über ihren Charakter ziehen; seltener aus e. Selbst-Ch." (Wilpert, Gero von (1989): Sachwörterbuch der Literatur. 7. verb. Aufl. Stuttgart: Kröner, S. 143).

Übung 167: Bestimme auf der Grundlage der Wörterbuchdefinition und mit eigenen Worten, was die Aufgabe einer literarischen Charakterisierung ist.
▶ Lösung Seite 181

Übung 168: Was versteht man unter direkter und indirekter Charakterisierung?
▶ Lösung Seite 181

Übung 169: Versuche in der folgenden Textstelle aus Lessings Drama „Nathan der Weise" Anhaltspunkte für die indirekte und die direkte Charakterisierungen des Patriarchen herauszufinden.
▶ Lösung Seite 181

Lesetext

Der Patriarch, welcher mit allem geistlichen Pomp den einen Kreuzgang heraufkömmt, und die Vorigen.

TEMPELHERR.
Ich wich' ihm lieber aus. – Wär' nicht mein Mann! –
Ein dicker, roter, freundlicher Prälat!
Und welcher Prunk!
KLOSTERBRUDER. Ihr solltet ihn erst sehn
Nach Hofe sich erheben. Itzo kömmt
Er nur von einem Kranken.
TEMPELHERR. Wie sich da
Nicht Saladin wird schämen müssen!
PATRIARCH. *(indem er näher kömmt, winkt dem Bruder).*
Hier! –
Das ist ja wohl der Tempelherr. Was will
Er?
KLOSTERBRUDER. Weiß nicht.

In der 7. Klasse hast du bereits das genaue Beschreiben von Personen geübt. Die literarische Charakteristik ist gleichfalls eine – wie diese im Präsens verfasste – Beschreibung, und zwar die einer in der Dichtung dargestellten Figur.

Übung

Übung 170: *Überlege einmal, was dir helfen könnte, eine literarische Figur zu beschreiben!*
▶ Lösung Seite 181

Nicht immer sind Charaktere in sich schlüssig oder durchschaubar; das macht aber gerade die Faszination literarischer Figuren aus, dass sie oft in sich widersprüchlich sind.

6.2 Vorgehensweise bei einer Charakteristik

Für das Verfassen einer Charakteristik ist es notwendig, nach dem ersten Texteindruck Material aus dem Text unter bestimmten Fragestellungen zu sammeln. Das Aufsuchen, Kennzeichnen und Notieren der gefundenen Stellen auf einem Konzeptblatt ist eine wichtige Vorarbeit bei der Erstellung einer Charakteristik. Wenn du wichtige Stellen exzerpierst, d. h. wortwörtlich herausschreibst, dann hast du bereits die Belegstellen für deine Beschreibung. Notiere die auch jeweils die genaue Fundstelle, damit du später ein korrektes Zitat formulieren kannst.

6.3 Aspekte der Charakteristik

Die Charakteristik basiert auf literarischen Beschreibungen einer Figur. In der nächsten Übung findest du alle die Aspekte, die bei der Charakterisierung berücksichtigt werden müssen. Nicht immer sind konkrete Beispiele für bestimmte Merkmale in jedem literarischen Text zu finden.

Übung

Übung 171: Ordne die folgenden Merkmale den jeweiligen Aspekten einer Beschreibung zu:
Beruf, Einstellungen, Kleidung, gesellschaftliche Stellung, Aussehen, soziale Beziehungen, Eigenarten, Verhaltens- und Handlungsweisen, Sprache und Sprechweise, Interessen, Triebrichtungen, Problemorientierungen, gesellschaftliche Gründe für Verhalten, Gefühle, Art des Umgangs der Personen miteinander, Geschlecht, Alter, Körperbau, Denkweisen, Gewohnheiten

Aspekt	**Merkmale**
1. äußere Erscheinung	
2. soziale Situation	
3. äußeres Verhalten	
4. psychisches Verhalten	
5. gesellschaftliche Bedingtheit und ihre Wirkung	
6. emotionale und soziale Beziehungen	

▶ Lösung Seite 182

Es ist besonders hilfreich, sich durch die Formulierung von Fragestellungen zu dem jeweiligen Aspekt offenkundige oder versteckte Hinweise auf die Wesensmerkmale einer Figur zu erschließen. Die Antworten darauf hältst du in einer Materialsammlung fest.

Übung

Übung 172: Formuliere zu den einzelnen Aspekten die jeweils passenden Fragestellungen. Zuweilen passen mehrere Fragestellungen zu einzelnen Aspekten:
Was erfährt der Leser über die körperlichen Merkmale einer Figur (Geschlecht, Alter, Körperbau, Glieder, Hände, Gesicht, Augen)? Wodurch ist das äußere Erscheinungsbild bestimmt (Kleidung, Frisur, Schmuck, Accessoires)? Wodurch ist die Sprache gekennzeichnet (Wortwahl, Satzbau, Sprachebene, Eigentümlichkeiten)? Welche typischen Ausdrucksmerkmale fallen besonders ins Auge (Gang, Gestik, Mimik, Stimme)? Welche besonders typischen Eigenschaften werden von einem außenstehenden Beobachter oder von der Gestalt selbst genannt (direkte Charakterisierung als Fremdcharakteristik bzw. Selbstcharakteristik)? Wie lässt sich die Herkunft der charakteristischen Merkmale und Verhaltensweisen deuten (Vererbung, Erziehung, soziale Einflüsse, Schicksalsschläge)? Wie wirkt die Figur auf ihre Umwelt? Welches Verhalten zeigt sich anderen Personen gegenüber (Verwandte, Freunde, Untergebene)?

Aspekt	**Fragestellungen**
1. äußere Erscheinung	
2. soziale Situation	
3. äußeres Verhalten	
4. psychisches Verhalten	
5. gesellschaftliche Bedingtheit und ihre Wirkung	
6. emotionale und soziale Beziehungen	

▶ Lösung Seite 183

Über diese Fragestellungen hinaus lässt sich untersuchen, welche Intention der Autor mit einem bestimmten Figuren-Charakter verbindet: Welche Wirkung will der Autor mit seiner Figur erzielen? Stellt der Autor die Figur als individuellen Charakter oder als typischen Vertreter einer bestimmten Schicht, Zeit oder weltanschaulichen Richtung dar?

*Übung 173: **Stelle dir vor, du hast die Aufgabe, die Figur des Patriarchen im vorliegenden Textauszug zu charakterisieren: Ordne geeignete Fragestellungen/Aspekte in dem vorliegenden Textauszug den Stellen zu, die dir darauf eine Antwort geben können. Verwende zur zuordnenden Kennzeichnung jeweils die entsprechende Nummer des Aspekts (1–6).***

▶ Lösung Seite 173 ff.

Gotthold Ephraim Lessing

Nathan der Weise (IV, 2)

Der Patriarch, welcher mit allem geistlichen Pomp den einen Kreuzgang heraufkömmt, und die Vorigen.

TEMPELHERR.
Ich wich' ihm lieber aus. – Wär' nicht mein Mann! –
Ein dicker, roter, freundlicher Prälat!
Und welcher Prunk!
KLOSTERBRUDER. Ihr solltet ihn erst sehn
Nach Hofe sich erheben. Itzo kömmt
Er nur von einem Kranken.
TEMPELHERR. Wie sich da
Nicht Saladin wird schämen müssen!
PATRIARCH. *(indem er näher kömmt, winkt dem Bruder).*
Hier! –
Das ist ja wohl der Tempelherr. Was will
Er?
KLOSTERBRUDER. Weiß nicht.
PATRIARCH *(auf ihn zugehend, indem der Bruder und das Gefolge zurücktreten).*
Nun, Herr Ritter! – Sehr erfreut,
Den braven jungen Mann zu sehn! – Ei, noch
So gar jung! – Nun, mit Gottes Hilfe, daraus
Kann etwas werden.
TEMPELHERR. Mehr, ehrwürd'ger Herr,
Wohl schwerlich, als schon ist. Und eher noch,
Was weniger.
PATRIARCH. Ich wünsche wenigstens,

Dass so ein frommer Ritter lange noch
Der lieben Christenheit, der Sache Gottes
Zu Ehr' und Frommen blühn und grünen möge!
Das wird denn auch nicht fehlen, wenn nur fein
Die junge Tapferkeit dem reifen Rate
Des Alters folgen will! – Womit wär' sonst
Dem Herrn zu dienen?
TEMPELHERR. Mit dem nämlichen,
Woran es meiner Jugend fehlt: mit Rat.
PATRIARCH. Recht gern! – Nur ist der Rat auch anzunehmen.
TEMPELHERR. Doch blindlings nicht?
PATRIARCH. Wer sagt denn das? – Ei freilich
Muss niemand die Vernunft, die Gott ihm gab,
Zu brauchen unterlassen, – wo sie hin-
Gehört. – Gehört sie aber überall
Denn hin? – O nein! – Zum Beispiel: wenn uns Gott
Durch einen seiner Engel, – ist zu sagen,
Durch einen Diener seines Worts, – ein Mittel
Bekannt zu machen würdiget, das Wohl
Der ganzen Christenheit, das Heil der Kirche,
Auf irgendeine ganz besondre Weise
Zu fördern, zu befestigen: wer darf
Sich da noch unterstehn, die Willkür des,
Der die Vernunft erschaffen, nach Vernunft
Zu untersuchen? und das ewige
Gesetz der Herrlichkeit des Himmels, nach
Den kleinen Regeln einer eiteln Ehre
Zu prüfen? – Doch hiervon genug. – Was ist
Es denn, worüber unsern Rat für itzt
Der Herr verlangt?
TEMPELHERR. Gesetzt, ehrwürd'ger Vater,
Ein Jude hätt' ein einzig Kind, – es sei
Ein Mädchen, – das er mit der größten Sorgfalt
Zu allem Guten auferzogen, das
Er liebe mehr als seine Seele, das
Ihn wieder mit der frömmsten Liebe liebe.
Und nun würd' unsereinem hinterbracht,
Dies Mädchen sei des Juden Tochter nicht;
Er hab' es in der Kindheit aufgelesen,
Gekauft, gestohlen, – was Ihr wollt; man wisse,
Das Mädchen sei ein Christenkind, und sei

Getauft; der Jude hab' es nur als Jüdin
Erzogen; lass' es nur als Jüdin und
Als seine Tochter so verharren: – sagt,
Ehrwürd'ger Vater, was wär' hierbei wohl
Zu tun?
PATRIARCH. Mich schaudert! Doch zu allererst
Erkläre sich der Herr, ob so ein Fall
Ein Faktum oder eine Hypothes'.
Das ist zu sagen: ob der Herr sich das
Nur bloß so dichtet, oder ob's geschehn,
Und fortfährt zu geschehn.
TEMPELHERR. Ich glaubte, das
Sei eins, um Euer Hochehrwürden Meinung
Bloß zu vernehmen.
PATRIARCH. Eins? – Da seh' der Herr
Wie sich die stolze menschliche Vernunft
Im Geistlichen doch irren kann – Mitnichten!
Denn ist der vorgetragne Fall nur so
Ein Spiel des Witzes: so verlohnt es sich
Der Mühe nicht, im Ernst ihn durchzudenken.
Ich will den Herrn damit auf das Theater
Verwiesen haben, wo dergleichen pro
Et contra sich mit vielem Beifall könnte
Behandeln lassen. – Hat der Herr mich aber
Nicht bloß mit einer theatral'schen Schnurre
Zum Besten; ist der Fall ein Faktum; hätt'
Er sich wohl gar in unsrer Diözes',
In unsrer lieben Stadt Jerusalem
Ereignet: – ja alsdann –
TEMPELHERR. Und was alsdann?
PATRIARCH. Dann wäre an dem Juden fördersamst
Die Strafe zu vollziehn, die päpstliches
Und kaiserliches Recht so einem Frevel,
So einer Lastertat bestimmen.
TEMPELHERR. So?
PATRIARCH. Und zwar bestimmen obbesagte Rechte
Dem Juden, welcher einen Christen zur
Apostasie verführt, – den Scheiterhaufen, –
Den Holzstoß –
TEMPELHERR. So?
PATRIARCH. Und wie viel mehr dem Juden,

Der mit Gewalt ein armes Christenkind
Dem Bunde seiner Tauf' entreißt! Denn ist
Nicht alles, was man Kindern tut, Gewalt? –
Zu sagen: – ausgenommen, was die Kirch'
An Kindern tut.
TEMPELHERR. Wenn aber nun das Kind,
Erbarmte seiner sich der Jude nicht,
Vielleicht im Elend umgekommen wäre?
PATRIARCH. Tut nichts! der Jude wird verbrannt! – Denn besser,
Es wäre hier im Elend umgekommen,
Als dass zu seinem ewigen Verderben
Es so gerettet ward. – Zudem, was hat
Der Jude Gott denn vorzugreifen? Gott
Kann, wen er retten will, schon ohn' ihn retten.
TEMPELHERR. Auch trotz ihm sollt' ich meinen, – selig machen.
PATRIARCH. Tut nichts! der Jude wird verbrannt.
TEMPELHERR. Das geht
Mir nah'! Besonders, da man sagt, er habe
Das Mädchen nicht sowohl in seinem, als
Vielmehr in keinem Glauben auferzogen,
Und sie von Gott nicht mehr nicht weniger
Gelehrt, als der Vernunft genügt.
PATRIARCH. Tut nichts!
Der Jude wird verbrannt ... Ja, wär' allein
Schon dieserwegen wert, dreimal verbrannt
Zu werden! – Was? ein Kind ohn' allen Glauben
Erwachsen lassen? – Wie? die große Pflicht,
Zu glauben, ganz und gar ein Kind nicht lehren?
Das ist zu arg! Mich wundert sehr, Herr Ritter,
Euch selbst ...
TEMPELHERR. Ehrwürd'ger Herr, das Übrige,
Wenn Gott will, in der Beichte. (*Will gehn.*)
PATRIARCH. Was? mir nun
Nicht einmal Rede stehn? – Den Bösewicht,
Den Juden mir nicht nennen? – mir ihn nicht
Zur Stelle schaffen? – O da weiß ich Rat!
Ich geh sogleich zum Sultan. – Saladin,
Vermöge der Kapitulation,
Die er beschworen, muss uns, muss uns schützen;
Bei allen Rechten, allen Lehren schützen,
Die wir zu unsrer allerheiligsten

Religion nur immer rechnen dürfen!
Gottlob! wir haben das Original.
Wir haben seine Hand, sein Siegel. Wir! –
Auch mach ich ihm gar leicht begreiflich, wie
Gefährlich selber für den Staat es ist,
Nichts glauben! Alle bürgerliche Bande
Sind aufgelöset, sind zerrissen, wenn
Der Mensch nichts glauben darf. – Hinweg! hinweg
Mit solchem Frevel! . . .
TEMPELHERR. Schade, dass ich nicht
Den trefflichen Sermon mit bessrer Muße
Genießen kann! Ich bin zum Saladin
Gerufen.
PATRIARCH. Ja? – Nun so – Nun freilich – Dann –
TEMPELHERR. Ich will den Sultan vorbereiten, wenn
Es Eurer Hochehrwürden so gefällt.
PATRIARCH. Oh, oh! – Ich weiß, der Herr hat Gnade funden
Vor Saladin! – Ich bitte meiner nur
Im Besten bei ihm eingedenk zu sein. –
Mich treibt der Eifer Gottes lediglich.
Was ich zu viel tu, tu ich ihm. – Das wolle
Doch ja der Herr erwägen! – Und nicht wahr,
Herr Ritter? das vorhin Erwähnte von
Dem Juden, war nur ein Problema? – ist
Zu sagen –
TEMPELHERR. Ein Problema. (*Geht ab.*)
PATRIARCH. (Dem ich tiefer
Doch auf den Grund zu kommen suchen muss.
Das wär' so wiederum ein Auftrag für
Den Bruder Bonafides.) – Hier, mein Sohn!
(*Er spricht im Abgehn mit dem Klosterbruder.*)

6.4 Formulierung der Charakteristik

Die literarische Charakteristik wird im Präsens und aus einer sachlichen, beobachtenden Perspektive erstellt. Es ist möglich, sie durch kurze einleitende Sätze mit Hinweisen auf das Werk, in dem die Figur eine Rolle spielt, zu beginnen. Die Merkmale, die herausgearbeitet werden, müssen immer durch Textstellen belegt werden; auch direkte oder sinngemäße Zitate können angebracht sein. Die Schwierigkeit der Charakteristik besteht darin, beobachtete Merkmale und auf das Wesen einer Figur Zielendes so sinnvoll in Beziehung zu setzen, dass das Ganze der Person dem Leser sinnfällig wird.

Übung 174: *In die folgende ausgearbeitete Charakteristik des Patriarchen haben sich einige gravierende Fehler eingeschlichen. Korrigiere die entsprechenden Stellen.*

▶ Lösung Seite 188 f.

In Lessings Drama „Nathan der Weise" geht es um die Gedanken von Humanität und religiöser Toleranz. Der positiven Identifikationsfigur, dem aufgeklärten Nathan, ist der Patriarch strukturell als Antipode gegenübergestellt.
Der Patriarch, der Bischof von Jerusalem, tritt nur an einer Stelle des Dramas auf, nämlich in IV, 2, seine Pläne führen allerdings zu zwei Auftritten des von ihm geschickten Klosterbruders in I, 5 und IV, 7.
Er wird als prunkliebender, machtbewusster, und autoritärer Kirchenpolitiker eingeführt. Das Ziel des Patriarchen ist es, die Pläne Saladins, die auf eine Verlängerung des Waffenstillstandes und einen Friedensschluss abzielen, zu unterlaufen.
Das Gespräch mit dem Tempelherrn gibt näheren Aufschluss über seinen Charakter: So behauptet er die Unfehlbarkeit der bischöflichen Aussagen, die nicht mit Hilfe der Vernunft bewertet werden dürfen. Die humane Handlung eines Juden, ein christliches Waisenkind aufzuziehen, wird von ihm ohne Einschränkung als „Apostasie" bezeichnet, für die der Jude hinzurichten sei. Als der Tempelherr den Namen des Juden nicht preisgeben will, droht der Patriarch mit der weltlichen Macht des Saladin und gibt schließlich klein bei, als ihm der Tempelherr vom bevorstehenden Besuch beim Sultan erzählt. Nach dem Abgang des Tempelherrn beauftragt er den Klosterbruder damit, den Namen des besagten Sultans in Erfahrung zu bringen.
Der Patriarch ist diejenige Figur, der alle Zuneigung der Leser bzw. der Zuschauer gilt. Sein Amt als christlicher Bischof missbraucht er als Machtinstrument, von tiefer religiöser Durchdringung im Lichte christlicher Nächstenliebe ist bei ihm viel zu spüren. Dass es Lessing grundsätzlich um die Anprangerung von religiöser Intoleranz geht, beweist der Verzicht auf einen konkreten Namen, den der Bischof trägt.

6.5 Charakterisierungsübung

Übung 175: Lies die Novelle „Dämmerschoppen" von Thomas Hürlimann und vervollständige dann diese Tabelle, indem du die wesentlichen Merkmale zur Charakterisierung Kellers stichwortartig einträgst.

▶ Lösung Seite 190

Aspekt	Merkmale
1. äußere Erscheinung	
2. soziale Situation	
3. äußeres Verhalten	
4. psychisches Verhalten	
5. gesellschaftliche Bedingtheit und ihre Wirkung	
6. emotionale und soziale Beziehungen	

Thomas Hürlimann (geb. 1950 in der Schweiz)

Dämmerschoppen
Novelle

1

Am Vorabend seines siebzigsten Geburtstages sass hoch über dem Vierwaldstätter See der Dichter Gottfried Keller auf einer Hotelterrasse, trank eine Flasche Gumpoldskirchner und sah in die Dämmerung hinaus. Hier oben kannte ihn niemand. Der Seelisberg, mitten in der Innerschweiz auf einer steil abfallenden Felsflanke gelegen, war ein vornehmer Luftkurort und wurde von Herrschaften aus ganz Europa, ja sogar aus Übersee, aber kaum von Schweizern besucht. Keller hob das Glas. Der Juliabend war lau, der Wein gut, mit jedem Schluck fühlte er sich wohler. Morgen würde er siebzig Jahre alt, ein runder Geburtstag, das grösste Fest seines Lebens, er jedoch, der Jubilar, hatte all seinen Gratulanten ein Schnippchen geschlagen. Es war ihm gelungen, im Grand-Hotel „Sonnenberg" unter falschem Namen abzusteigen. Er trank das Glas in einem Zug leer und stellte sich in wachsender Frohlaune vor, wie die Männerchöre und Fackelstudenten ihre Lieder und Hochrufe vor seiner Wohnung am Zürcher Zeltweg ins Leere jubeln würden: Keller hervor!, und die Studentenkäppis, die Zylinder und Fackeln stiegen im Takt über ihre Köpfe: hurra! hurra! hurra! Am Fuss der Flanke, bei der Rütliwiese, tutete ein Dampfer. Dann erklang ein helles Lachen – zwei Mädchen, ihm einen Gruss zunickend, verschwanden im Hotel. Ach, ich alter Hund, dachte Keller, wie bin ich froh, dass mich die Flöhe der Leidenschaft nicht mehr jucken. Oft kam die Schwermut mit einbrechender Dämmerung, deshalb war Keller entschlossen, seiner Gicht zum Trotz, noch eine Weile zu sitzen, zu trinken. Er fürchtete sich vor der pompösen Leere seines Zimmers. Dort würde er auf dem Doppelbett liegen, nicht viel grösser als ein Kind, er würde die Decke betrachten und das im Dunkel sich auflösende Tapetenmuster, und dann, plötzlich, würde auf der Fusslade der Bettstatt sein schwarzer Vogel hocken, die Schwermut.

„Es timmeret[1]", bemerkte jetzt, ihm einschenkend, ein langbeiniger Herr Ober. Er war aus dem Innern herangestelzt, nun stellte er die Flasche auf den Beitisch zurück, räusperte sich in einen weissen Handschuh hinein und erwartete wohl, dass ihn der Gast in eine Unterhaltung zöge. Keller hütete sich. Das war ein Hiesiger, ein Innerschweizer. Ihm, dem Stadtzürcher, waren Leute dieses Schlages fremd. Vor Zeiten hatten sie ihr Land den Vögten abgenommen, sie waren ihre eigene Herrschaft geworden. Und heute? Heute krochen sie hinter Comtessen her, hinter Bank- und Schlotbaronen, immer darauf bedacht, ein Trinkgeld zu kassieren. Die einst mächtigen Bauern hatten sich zu Knechten deformiert, zu Kellnern und Caddies.

Unter der zarten, letzten Himmelshelle schien das Land weit, gross und grau zu werden. Von den tiefer gelegenen Alpen[2] tönte das Läuten der Herden herauf, und ein Senn mit kräftiger Stimme, die ein Holztrichter noch verstärkte, leierte seinen Betruf in den Abend hinaus. Der befrackte Ober stand jetzt an der Terrassenbrüstung; er schien dem Dampfer zuzusehen, der tief unter ihm den See durchfuhr.

Ich bin, sagte sich Keller, ein Greis. Er sass in einem Korbstuhl, die kurzen Beine von einem Plaid verdeckt, und trank, trank hastig, er trank, um froh zu bleiben, heiter. Es war kühl geworden, es wurde dunkel. Nur der See, als vermöchte er aus eigener Kraft zu leuchten, lag wie ein Spiegel aus Silber in der Tiefe einer gründunklen Schattenlandschaft. Keller lächelte. Er war alt, doch nicht verbittert. Er war allein, doch nicht einsam. Der Vogel, wagte er zu denken, hatte ihn zwar gestreift, doch nicht gepackt. Heute, am Vorabend seines Geburtstages, liess ihn die Schwermut in Ruhe. Der Herr Ober steifte den Rücken, drehte sich um und sah herüber. Er schien etwas sagen zu wollen. Keller duckte sich. Aus dem Himmel, sah er, schwand das letzte

Licht. Kein Stern, kein Mond. Irgendwo wurde ein Fenster geschlossen, ein Vorhang gezogen, und das Bimmeln der Herde tönte dumpf und fern.

Da, plötzlich, geschiehts:

Das nachtdunkle Land erwacht, die Seedörfer und Seitentäler beginnen zu läuten, nah ein Knistern, ein Geprassel, ein Feuer lodert auf, ein Höhenfeuer, und schon stehen alle Flanken, alle Gipfel in Flammen – das grosse Naturtheater der Innerschweiz hat sich mit einem Schlag illuminiert.

Sofort war es mit Kellers Frohlaune vorbei. „Was händ ächt die Tuble wider z fyre[3]!“, knurrte er.

Der Lange kam näher.

Das sei ja bald kein Staat mehr, versetzte Keller, sondern eine Festhütte, und wollte schon das Plaid zurückwerfen und sich aus dem Korbstuhl hinausarbeiten. Da beugte sich der Lange zu seinem Ohr und zischelte: „Ein Dichtergeburtstag!“

„Wie bitte?“ Keller verschluckte sich.

Ja, fuhr der Ober leise fort, kaum zu glauben, doch leider die Wahrheit, mit diesem Aufwand an Holz, Feuer und Geläute werde ein gewisser Keller, Gottfried, Dichter aus Zürich, zum Siebzigsten geehrt und gefeiert – reichlich übertrieben wie er, der Herr Wendelin, finde.

„So, so,“ machte Keller.

Und Herr Wendelin, mit hämischem Unterton: „TRINKT, 0 AUGEN, WAS DIE WIMPER HÄLT, VON DEM GOLDNEN ÜBERFLUSS DER WELT[4]!“

Keller riss die Brille ab, drückte Daumen und Zeigefinger gegen die Augen, aber er wusste, er sah es: Das war kein Traum, kein Suffgebilde, dieser Herr Ober, der ihn so frech und abschätzig zitiert hatte, stand lang und ein wenig nach Schweiss riechend neben seinem Stuhl. Keller konnte nicht anders, er musste ihn anglotzen. In dieser Tonart, erklärte nun der Lange, pflege der Jubilar zu dichten, der zitierte Vers habe heute morgen in allen Zeitungen gestanden. Trinkende Augen! Haltende Wimpern! Also ihm, dem Herrn Wendelin, sei das zu verstiegen und zu altmodisch, lyrisches Geflitter von gestern.

Der Dichter, für den das Land die Glocken erschallen und die Gipfel wie Fackeln leuchten liess, griff mit alterszittriger Hand nach dem Glas. Sollte er lachen oder heulen? Der Lange nahm die leere Flasche vom Tisch und sah ihn fragend an.

„Ja“, sagte Keller, „bringed no e Guttere[5]!“

Er krallte seine Finger in die korbige Lehne. Ihm schwindelte. Jetzt war er da – der Vogel war da. „Habt Ihr nicht verstanden?“, rief Keller mit verzweifelter Kraft, „no e Guttere, noch eine Flasche, und zwar rasch!" Auf seinen dünnen Beinen stakste der Lange davon. Ein kalter Luftzug, der vom See herauf und über die Terrasse stieg, liess seine Frackstösse flattern. Keller schnaufte. Was tun? Fliehen!

Zu spät. Schon stand der Lange wieder bei ihm, zog nah an Kellers Ohr den Zapfen aus der Flasche und meinte keck, das sei kein schlechter Tropfen, dieser Gumpoldskirchner.

„Drum suuf en[6]", sagte Keller.

Indes hatte der Dampfer am gegenüberliegenden Ufer abgelegt und zog in rascher Fahrt in nördlicher Richtung davon. Bald würde er nur noch ein trüber Lichtfleck sein, dachte Keller, und dann würde er von der Finsternis verschluckt werden.

[1] Schweizerdeutsch für: Es dämmert.
[2] *Alpen:* Almen
[3] Schweizerdeutsch für: Was haben die Dummköpfe bloß wieder zu feiern!
[4] Zitat aus dem Gedicht *Abendlied* von Gottfried Keller (1819–1890), in dem ein Nachdenken über den Tod mit der folgenden Strophe schließt:
Doch noch wandl ich auf dem Abendfeld,
Nur dem sinkenden Gestirn gesellt:
Trinkt, o Augen, was die Wimper hält,
Von dem goldnen Überfluss der Welt!
[5] Schweizerdeutsch für: Bringen Sie noch eine Flasche!
[6] Schweizerdeutsch für: Darum saufe ich ihn.

(Die Rechtschreibung folgt den Schweizer Regeln. Text aus: Thomas Hürlimann, Innerschweizer Trilogie. Zürich: Ammann Verlag 1991, S. 69–72).

Übung 176: Formuliere deine Stichworte in einem Text.
▶ Lösung Seite 191 f.

Übung 177: Charakterisiere stichwortartig die Figur des Obers in dem oben stehenden Textauszug.
▶ Lösung Seite 192

7. Bewerbung und Lebenslauf

7.1 Zur Funktion

Wenn eine Firma ein Produkt bewirbt, dann stellt sie die Vorzüge des Produktes klar heraus und versucht dadurch den Verbraucher zu einer positiven Kaufentscheidung zu bringen. Eine Bewerbung um eine Ausbildungsstelle oder einen Arbeitsplatz ist nichts anderes als eine Werbung für die eigene Person.
Auf der Grundlage der eingereichten Bewerbungsunterlagen in der so genannten Bewerbungsmappe wird eine Entscheidung über die Besetzung einer Stelle getroffen. Eine Bewerbungsmappe besteht aus:

Bewerbungsschreiben
Abschlusszeugnis bzw. letztes Halbjahreszeugnis
Lebenslauf mit Foto
Deckblatt
Bescheinigungen (z. B. über Praktika, Ausbildungen)

Übung

*Übung 178: Überlege einmal, wie die einzelnen Teile deiner Bewerbungsmappe aussehen müssen, damit du eine Ausbildungsstelle oder einen Arbeitsplatz sicher **nicht** bekommst.*
▶ Lösung Seite 192

In den folgenden Übungen erfährst du einige grundlegende Regeln der erfolgreichen Bewerbung.

7.2 Lebenslauf

Erich Kästner wurde am 23. Februar 1899 in Dresden geboren. Als offizieller Vater galt der Sattlermeister und Fabrikarbeiter Emil Richard Kästner (1867–1957) – Kästners leiblicher Vater war angeblich der Hausarzt der Familie, Dr. Emil Zimmermann. Seine Mutter hieß Ida Kästner, geb. Augustin (1871–1951) und arbeitete als Näherin, später als Friseurin. Kästner hatte zu seiner Mutter Zeit ihres Lebens ein sehr

enges Verhältnis; mehr als 30 Jahre lang schrieben sie sich fast täglich Briefe. Sie liebte ihn außergewöhnlich aufopferungsvoll (vereinnahmend), was sein Frauenbild alles in allem problematisch geprägt und aus Kästner einen „Frauenhelden" gemacht haben dürfte.
Im Jahr 1906 wurde Erich Kästner, der in ärmlichen Verhältnissen heranwuchs, in die Volksschule in Dresden eingeschult. Von 1913 an besuchte er das Freiherrlich-von-Fletscher'sche Lehrer-Seminar ebendort, da er zu jener Zeit aufgrund der Erzählungen von Untermietern, die als Lehrer arbeiteten, den trügerischen Wunsch hegte, selbst den Beruf eines Lehrers zu ergreifen. Es war noch die Zeit, als Dresden Hauptstadt des Königreichs Sachsen war.
Im Jahre 1917 nahm er als Soldat am Ersten Weltkrieg teil und zog sich dort ein Herzleiden zu. 1918 wurde er aus dem Heeresdienst entlassen, er besuchte dann den Abschlusskursus im Strehlener Lehrerseminar; allerdings beabsichtigte er nicht mehr, seinen Lebensunterhalt in weiterer Folge durch Unterrichten zu verdienen. Nach Kriegsende war Kästner bis 1919 Hospitant am König-Georg Gymnasium in Dresden, er durfte also, durch den Krieg aus der Schullaufbahn geworfen, seine Ausbildung zu Ende (Abitur) bringen. In der dortigen Schülerzeitung publizierte er erste lyrische Werke. Nach dem mit Auszeichnung bestandenen Abitur 1919 begann er an den Universitäten Leipzig (mit einem Stipendium seiner Heimatstadt), Rostock und Berlin die Fächer Germanistik, Philosophie, Geschichte und Theatergeschichte zu studieren. Gleichzeitig jobbte er nebenbei als Redakteur des Feuilletons der *Neuen Leipziger Zeitung* und veröffentlicht erste Gedichte. Im selben Jahr begann auch eine langjährige, vorwiegend über weite Distanzen geführte Romanze mit Ilse Julius.
1925 erfolgte seine Promotion zum Dr. phil. an der Universität Leipzig. Sein Thema lautete: „Die Erwiderung auf Friedrich des Großen Schrift ‚De la littérature allemande'". Kästner arbeitete daneben als freier Mitarbeiter der *Weltbühne* und der *Frankfurter Zeitung*.
1926 unternahm er in Begleitung seiner Mutter seine erste Auslandsreise nach Italien und in die Schweiz.
1927 wurde ihm ein erotisches Gedicht zum Stolperstein, er musste die journalistische Tätigkeit bei der *Neuen Leipziger Zeitung* aufgeben. Erich Kästner siedelte nach Berlin über. Die deutsche Hauptstadt war in dieser Zeit der Goldenen Zwanziger ein pulsierendes Zentrum kulturellen Lebens und der Ort, an dem man als junger Schriftsteller einfach sein musste. 1928/29 erschien Kästners erster Gedichtband *Herz auf Taille* und der Kriminalroman für Kinder *Emil und die Detektive*, der ihm schlagartig schriftstellerischen Ruhm einbrachte und ihm natürlich

nebenbei den Lebensunterhalt sicherte. Schon bald kam ein gleichnamiger Film in die Kinos. *Pünktchen und Anton* (1931) und *Das fliegende Klassenzimmer* (1933) machten ihn berühmt; die Bücher wurden in insgesamt 24 Sprachen übersetzt und mehrfach verfilmt Überdies verfasste der emsige Schriftsteller, der sich für Demokratie und Frieden einsetzte, in politisch brisanten Zeiten treffsichere kabarettistische Texte. In gleichermaßen sozialkritischen wie satirischen Versen kommentierte Kästner den Berliner Alltag und scheute auch vor Bemerkungen zur Politik der Weimarer Republik nicht zurück (. . .).

Übung 179: Unterstreiche alle Angaben, die für einen tabellarischen Lebenslauf wichtig sind.
▶ Lösung Seite 192

Übung 180: Stelle dir einmal vor, Erich Kästner hätte sich im Jahre 1930 für eine Arbeitsstelle beworben und einen Lebenslauf erstellen müssen. Verfasse anhand des folgenden Musters einen tabellarischen Lebenslauf für diesen Zweck. Angaben, die du nicht vervollständigen kannst, kannst du hinzuerfinden.
▶ Lösung Seite 193 f.

Tabellarischer Lebenslauf

Erich Kästner Hauptstr. 104 10178 Berlin	
Persönliche Daten	
Name:	
Anschrift:	
Geburtsdatum:	
Geburtsort:	
Eltern:	

Geschwister:
Staatsangehörigkeit:
Schulischer Werdegang
Studium
Praktikum
Abschlüsse
Sprachkenntnisse
Sonstiges
Datum
Unterschrift

Übung 181: Der folgende ausführliche Lebenslauf wurde auf der Grundlage des tabellarischen Lebenslaufes verfasst. Vervollständige die Lücken mit den Angaben aus dem tabellarischen Lebenslauf.

▶ Lösung Seite 194 f.

Lebenslauf

Mein Name ist _________ . Ich wurde am _________ in _________ geboren. Meine Eltern sind der ___________________________ und die ______________________.

Von 1906 bis 1913 besuchte ich _________________ . Von 1913 an wurde ich am Freiherrlich-von-Fletscher'schen Lehrer-Seminar in ____________________________ ausgebildet, wo ich, unterbrochen von _________________ , 1918 den _________________ absolvieren konnte. Die allgemeine Hochschulzugangsberechtigung habe ich durch ein mit Auszeichnung bestandenes Abitur am _____________ im Jahre _________ erworben.

Von 1919 bis 1925 _________________________ in Leipzig, Rostock und Berlin die Fächer Germanistik, Philosophie, Geschichte und Theatergeschichte. Im Jahre 1925 ____________ ich mein Studium mit der Promotion zum Dr. phil. an der Universität Leipzig. Das Thema der Dissertation ______________: „Die Erwiderung auf Friedrich des Großen Schrift ‚De la littérature allemande'".

__________ bin ich als freier Autor tätig und habe bereits zahlreiche _________________________ veröffentlicht.

Meine ____________ in der Schule waren Deutsch und Geschichte. Neben dem Lesen gehört das Reisen zu meinen ________________. Außerdem spiele ich gerne Kabarett.

Übung 182: Welche Vor- und Nachteile haben jeweils der tabellarische und der ausführliche Lebenslauf?

▶ Lösung Seite 195

Übung 183: Warum verlangen manche Firmen heute einen ausführlichen und sogar handgeschriebenen Lebenslauf?

▶ Lösung Seite 195

Übung 184: Stelle dir vor, du möchtest deinen eigenen Lebenslauf vorbereiten: Mache dir zunächst Stichwörter zu den einzelnen Bestandteilen des tabellarischen Lebenslaufes, also zu: Persönliche Daten, Schulischer Werdegang, Studium, Praktikum, Abschlüsse, Sprachkenntnisse, Sonstiges (Hobbys, besondere Fertigkeiten und Fähigkeiten).

Übung 185: Bringe deine Stichwörter in die Form einer Tabelle wie im obigen Beispiel aus Übung 180.

Übung 186: Welche formalen Kriterien müssen beim Verfassen eines Lebenslaufes noch eingehalten werden?

▶ Lösung Seite 195

7.3 Bewerbungsschreiben

Übung 187: Lies das folgende Bewerbungsschreiben. Um welchen Ausbildungsberuf bewirbt sich der Verfasser? Warum fällt seine Wahl auf diesen Beruf?

▶ Lösung Seite 195

Lesetext

•
•

Alexander Becker 15.04.2004
Römerstr. 156
69126 Heidelberg
Tel.: 0 62 21/55 33 44
E-Mail: becker.alexander@t-online.de

•
•
•
•
•

Autohaus Karl Müller GmbH
Im Taubenfeld 156
69123 Heidelberg/Wieblingen

•
•
•

Bewerbung um die ausgeschriebene Ausbildungsstelle als Kfz-Mechaniker

•
•

Sehr geehrter Herr Herold,

•

mit großem Interesse habe ich in der Rhein-Neckar-Zeitung vom 10.04.2004 Ihre Anzeige gelesen, in der Sie zum 01.08.2004 einen Auszubildenden für das Kfz-Handwerk suchen. Ich bewerbe mich bei Ihnen hiermit um diesen Ausbildungsplatz.

•

Während eines Praktikums im Autohaus Hoffmann in Heidelberg konnte ich erfahren, dass mir der Beruf eines Kfz-Mechanikers gerade auch in der täglichen Praxis gefällt. Aus meinem beigelegten Praktikumsbericht können Sie entnehmen, dass ich vor allem im Bereich Fahrzeugelektronik Erfahrungen sammeln konnte. In meiner beigefügten Praktikumsbescheinigung wird mir auch die von Ihnen gewünschte Einsatzfreude bestätigt.

•

Im Augenblick besuche ich das 2. Jahr der Berufsfachschule Metall in der Carl-Benz-Schule in Mannheim. Viel Spaß macht mir besonders der Fachunterricht im Bereich Metalltechnik. Im Fach Physik werde ich wahrscheinlich die Abschlussnote „sehr gut" erhalten.

•

Ich würde mich sehr freuen, wenn ich bei Ihnen meinen Traumberuf erlernen könnte.

•

Für ein persönliches Vorstellungsgespräch stehe ich gerne zur Verfügung.

•

Mit freundlichen Grüßen

•

Alexander Becker

•

Anlagen
Lebenslauf
Kopie des letzten Schulzeugnisses
Kopie einer Praktikumsbescheinigung
Kopie des Praktikumsberichts

Ein Bewerbungsschreiben besteht aus standardisierten Teilen. Solche Teile sind:

–1- Bitte, sich persönlich vorstellen zu dürfen
–2- aktuelles Datum
–3- Absender
–4- Anschrift des Empfängers
–5- Hinweis auf Anlagen
–6- Begründung der Bewerbung
–7- Unterschrift (handschriftlich)
–8- Anrede
–9- Bewerbungstext
–10- Betreff
–11- Wie hat man von der Stelle erfahren?
–12- momentane Tätigkeit
–13- Grußformel

Übung 188: Ordne diese Teile jeweils anhand der Nummer dem obigen Bewerbungsschreiben zu.

▶ Lösung Seite 196 f.

Übung

*Übung 189: **Lies die folgenden Stellenanzeigen und bearbeite dann die unten stehenden Übungsaufgaben.***

Lesetext

Anzeige 1

Schule aus – was nun?

Arbeiten Sie gerne mit Menschen?
Sind Sie kontaktfreudig und freundlich, auch wenn es einmal „drunter und drüber" geht?
Möchten Sie Ihre Kreativität entfalten können?

Dann kommen Sie zu uns.
Wir bieten Ihnen einen Ausbildungsplatz als Friseur/Friseurin.
Auf Ihre Bewerbung freuen wir uns!

Haarstudio am Markt
Lutherstr. 34
69120 Heidelberg

(Aus: Rhein-Neckar-Zeitung vom 04.03.2004)

Lesetext

Anzeige 2

Sie möchten sich neu orientieren und suchen Vielfalt in Ihrem neuen Job? Wir bieten Ihnen interessante, abwechslungsreiche Aufgaben und suchen

kaufmännische Mitarbeiter/innen

für Projekte bei unseren Kunden als Assistenten oder Sachbearbeiter.

Sie passen zu uns, wenn Sie Ihre kaufmännische Ausbildung oder ein betriebswirtschaftliches Studium erfolgreich abgeschlossen haben. Erste Berufserfahrungen sind ebenso gefragt wie gute Kenntnisse der englischen Sprache. Der sichere Umgang mit modernen Kommunikationsmitteln sowie sehr gute Anwenderkenntnisse in MS-Office setzen wir voraus.

Wir suchen Sie, wenn Sie teamfähig und belastbar sind und eine hohe Einsatzbereitschaft mitbringen. Selbstverständlich unterstützen wir Ihr berufliches Fortkommen mit entsprechender Weiterbildung (Fachseminare, Fremdsprachenlehrgänge, EDV-Schulungen etc.).

Für einen ersten vertraulichen Kontakt steht Ihnen **Frau Sabine Härtel** gerne zur Verfügung. Interessiert? Wir freuen uns auf Ihre aussagekräftigen Bewerbungsunterlagen.
Fertighaus AG
Hauptstraße 123
50667 Köln
Tel: 02 21/98 72 43 54–0
E-Mail: fertighaus_ag@hausbau.de

(Aus: Frankfurter Allgemeine Zeitung vom 14.03.2004)

Lesetext

Anzeige 3

Als interner IT-Dienstleister der ABAG-Versicherungsgruppe entwickelt und realisiert die MICROTOP IT-Strategien und Dienstleistungskonzepte rund um Software, Hardware und Netzwerkarchitekturen.

Berufsausbildung zum 01.08.2004:

Mathematisch-technische/r Assistent/in/Informatik (IHK)

Die Ausbildung: Neben den Grundlagen der Informationstechnologie bilden die professionelle Softwareentwicklung, die Ausbildung in zwei Programmiersprachen sowie die Abwicklung komplexer Projekte einen Ausbildungsschwerpunkt. Ein weiterer Schwerpunkt ist die Mathematik. Sie befassen sich mit Analysis, Linearer Algebra, Stochastik und Numerik. Mathematisch-technische Assistenten werden ausgebildet, um in allen IT-Bereichen erfolgreich tätig zu sein, insbesondere in der Softwareentwicklung und in der Projektarbeit.

Die Voraussetzungen: Für diese anspruchsvolle und zukunftsorientierte Berufsausbildung mit Abschluss vor der Industrie- und Handelskammer suchen wir Bewerber mit Abitur und einer ausgeprägten Begabung für Mathematik und Interesse an Informatik sowie guten Noten in Deutsch und Englisch.

Interessiert? Dann schicken Sie uns bitte schnell Ihre kompletten Bewerbungsunterlagen mit Gehaltswunsch und dem frühestmöglichen Eintrittstermin. Wir freuen uns auf Sie.
MICROTOP Informationstechnologie GmbH
Personalabteilung
Frau Kerstin Hillemeier
Forster Str. 3
50933 Köln

(Aus: Kölner Tageblatt vom 10.02.2004)

Übung 190: Formuliere jeweils den Betreff für jede der drei Anzeigen.
▶ Lösung Seite 197

Übung 191: Formuliere den Bezug für die Anzeige 3.
▶ Lösung Seite 197

Übung 192: Formuliere den Bewerbungstext für die Anzeige 2.
▶ Lösung Seite 197

Übung 193: Formuliere die Anrede für Anzeige 1 und 3.
▶ Lösung Seite 198

Übung 194: Liste die Anforderungen auf, die in der Anzeige 2 genannt werden.
▶ Lösung Seite 198

Übung 195: In das folgende Bewerbungsschreiben zu Anzeige 1 haben sich zahlreiche Fehler eingeschlichen. Korrigiere sie!
▶ Lösung Seite 198 f.

Lesetext

•

Schirin Bodum
Turnerstr.132
68126 Mannheim
Tel.: 06 21/5 51 23 84
E-Mail: bodum.s@web.de

•

•

•

•

•

Haarstudio am Markt
Lutherstr. 34
69120 Heidelberg

•

•

•

Bewerbung

•

•

Hallo!

•

mit großem Interesse habe ich Ihre Anzeige gelesen. Ich bewerbe mich bei Ihnen hiermit um diesen Ausbildungsplatz.

•

Während eines Praktikums im Friseursalon „Müller“ in Heidelberg konnte ich erfahren, dass mir der Beruf einer Friseurin gerade auch in der täglichen Praxis gefällt. Außerdem bin ich freundlich und hilfsbereit.

•

Im Augenblick besuche ich die 9. Klasse der Max-Weber-Hauptschule in Heidelberg. Viel Spaß macht mir besonders der Fachunterricht in Turnen und Englisch. Meine Lehrer meinen, dass ich aufgrund meiner Leistungen sogar aufs Gymnasium gehen könnte!

•

Ich würde mich sehr freuen, wenn ich bei Ihnen meinen Traumberuf erlernen könnte.
Es wäre bestimmt auch in Ihrem Interesse, wenn Sie mich zu einem Vorstellungsgespräch einladen würden.

•

•

Tschüss!

•

Schirin Bodum

•

Anlagen

Übung 196: Fertige ein vollständiges Bewerbungsanschreiben auf eine Anzeige deiner Wahl an.

Übung 197: Wiederhole die einzelnen Bestandteile eines Bewerbungsschreibens. Trage dazu die unten stehenden Silben in das Kreuzworträtsel ein. Als Lösungswort erhältst du ein Merkmal einer erfolgreichen Bewerbung.

▶ Lösung Seite 199

An – Da – der- formel- grü n- keit – la – sen – mo – rede – schrift – tane – text – tig – werb – Un

Ab_ _[7]_ _ _ _
_ _tu[2]m
_ _schrift
An_ _[4]_ _
Be_ _ _ _[3]ungs_ _ _ _[9]
Be_ _ _ _dung
_ _men_ _ _ _Tä_ _[8]_ _[6]_ _ _ _
Gruß_ _ _ _ _ _ _
_ _ter_ _ _ _[5]_ _ _ _
An_ _[1]gen
Lösungswort = S _[1] _[2] _[3] _[4] _[5] __ _[6] _[7] _[8] _[9]

7.4 Die Checkliste

Die folgende Checkliste hilft dir, die Vollständigkeit und die Korrektheit deiner Bewerbungsmappe zu überprüfen.
Äußere Form:
- sauberes, hochwertiges Papier verwendet?
- klares und sauberes Schriftbild ohne Tipp-Ex-Spuren?
- Unterschrift?
- Anschrift und Absender?
- Seitenränder?
- Richtige Dimensionierung der einzelnen Teile?
- Richtige Reihenfolge in Bewerbungsmappe?

Sprache und Ausdruck:
- Rechtschreibung und Zeichensetzung korrekt?
- Wiederholungen?
- Treffende Ausdrücke – keine Umgangssprache?
- Grammatikalisch richtig?
- Vollständige Sätze?
- Anredepronomen großgeschrieben?

Inhalt:
- Bitte, sich persönlich vorstellen zu dürfen
- aktuelles Datum
- Absender
- Anschrift des Unternehmens
- Hinweis auf Anlagen
- Begründung der Bewerbung
- Unterschrift (handschriftlich)
- Anrede
- Bewerbungssatz
- Betreff
- Wie hat man von der Stelle erfahren?
- momentane Tätigkeit
- korrekte Reihenfolge der einzelnen Teile?
- alle Kenntnisse aufgeführt?
- korrekte Angaben im Lebenslauf?
- vollständige Datumsangaben?
- zum Ausbildungsberuf passende Lieblingsfächer?

TIPP: Für die Einhaltung der formalen Standards der Bewerbung ist Software mit Mustern für Bewerbungsschreiben und Lebenslauf hilfreich, die es z. B. bei Banken und beim Arbeitsamt gibt.

Übung 198: Der folgende Lückentext fasst die wichtigsten formalen Regeln zusammen, die bei deiner Bewerbung zu beachten sind. Füge die entsprechenden Konjunktionen (Bindewörter) in den Text ein.
▶ Lösung Seite 199 f.

keinesfalls – da – wenn – damit – um – sonst – wenn – weil – denn – außerdem – weil – aber – wenn – denn – daneben – dann – da

In jedem Fall muss man für alle Bestandteile der Bewerbungsmappe weißes Papier benutzen, ______ das Geschriebene darauf besser zu lesen ist als auf farbigem Papier. Man lässt links und rechts des Textes einen Rand von etwa 3 cm, ______ der Empfänger/die Empfängerin die Unterlagen abheften kann und gleichzeitig Raum für Notizen bleibt. Selbstverständlich darf das Papier nur einseitig beschrieben werden, ______ müsste der Empfänger/die Empfängerin das Papier wenden und könnte sich nicht so schnell orientieren. In jedem Fall muss die gesamte Bewerbung mit dem Computer geschrieben werden, ______ Handschriftliches oft schlecht lesbar ist; ______ kann man am Computer leichter Fehler verbessern. Eine Ausnahme von der Regel bildet der handschriftliche Lebenslauf, der ______ nur auf ausdrückliches Verlangen anzufertigen ist. Verunreinigungen wie Flecken, Tipp-Ex-Korrekturen, „Eselsohren" müssen unbedingt vermieden werden, ______ sie werfen ein schlechtes Licht auf den Bewerber/die Bewerberin. ______ werden unsaubere Bewerbungen oft gar nicht gelesen. Das Lichtbild darf nicht allzu alt sein, ______ die Firma grundsätzlich alle aktuellen Informationen benötigt. Die Bewerbungsunterlagen werden in einem Schnellhefter eingelegt; ______ dürfen die einzelnen Seite jeweils in eine Klarsichthülle eingelegt werden, ______ es für den Empfänger/die Empfängerin einen höheren Zeit- und Platzaufwand bedeutet, ______ er alle Hüllen wieder entfernen muss, ______ sich z. B. Notizen zu machen oder die Unterlagen zu archivieren.
______ die Bewerbung unverzüglich in die richtigen Hände gelangen soll, ______ müssen Namen und Adressen richtig angegeben werden. Der Umschlag muss mit ausreichendem Porto frankiert werden, ______ es ist sehr ärgerlich, ______ der Empfänger Nachporto entrichten muss.

Lösungen

1. Informierende, berichtende und kommentierende Texte

▶ *Lösung 1*

1. Schlagzeile, Untertitel
2. Vorspann, wichtigste Information (Statistik, Zahlenangaben)
3. Zahlen für Brandenburg im Vergleich mit anderen Bundesländern
4. Vergleich neue – alte Bundesländer
5. Ursache für zurückgehende Todeszahl
6. Maßnahmen gegen zu schnelles Fahren

▶ *Lösung 2*

Die Hauptinformation sind die Zahlenangaben: Todeszahl insgesamt rückgängig, Brandenbung noch an der Spitze. – Vergleichsziffern, Ursachenforschung und geplante Maßnahmen sind eher Zusatzinformationen.

▶ *Lösung 3*

z. B. „Die Zahl der Verkehrstoten in Deutschland ist insgesamt rückgängig, allerdings bleibt Brandenburg trotz ebenfalls zurückgehender Zahlen weiterhin ‚Spitzenreiter'. Insgesamt starben im ersten Halbjahr 1997 auf Deutschlands Straßen 3.902 Menschen, in Brandenburg waren es nach Angaben des Statistischen Bundesamtes 314. Damit steht Brandenburg trotz 6 % Rückgang noch weit an der Spitze vor Mecklenburg-Vorpommern.
Überhaupt zeigt sich ein starkes Gefälle zwischen alten und neuen Bundesländern. Die insgesamt rückläufige Anzahl von Verkehrstoten wird vor allem auf technische Neuerungen zurückgeführt. Gegen Raser kündigte der Bundesverkehrsminister wesentlich härtere Strafen an, da die unangepasste Geschwindigkeit nach wie vor Unfallursache Nummer eins sei.

▶ *Lösung 4*

1. Meldung bei der Feuerwehr: 800m^2 in Flammen, Löscharbeiten durch starken Wind und Hitze erschwert – 2.14 Uhr: Einsatzkräfte haben Lage unter Kontrolle, müssen aber noch bleiben; viele weitere Glutherde – 3. keine Verletzten, aber Evakuierung der Mieter des

gesamten Straßenzuges – 4. Kritik an Brandschutz: fehlende Brandwände könnten das Übergreifen des Brandes ermöglicht haben – 5. 16 Uhr: Brandkommissariat und Brandschutz besichtigen den Ort; vermutliche Brandursache: technisches Versagen, da Ausbruch des Feuers in unbewohntem Dachstuhl; Prüfung wegen nicht vorhandener Brandwände – 6. Möglicherweise Auswirkungen auf die gesamte Siedlung; alle Häuser haben identische Dachstühle.

▶ *Lösung 7*

Der Hinweis auf die „Raser" (letzter Abschnitt) bezieht sich zwar auf die Ankündigung des Bundesverkehrsministers; Wortwahl und Wiedergabe der Begründung des Ministers zeigen aber die Haltung des Artikels gegen das Rasen.

▶ *Lösung 8*

z. B.:

1) Es ist schön, dass die Zahlen sinken, endlich lernen die Leute besser und rücksichtsvoller zu fahren.
2) Die Leute in Ostdeutschland können einfach nicht vernünftig fahren und sollten den Führerschein nicht so einfach bekommen.
3) Die Brandenburger fahren besonders schlecht und sollten besonders behandelt werden.
4) Das ist gut so und zeigt, dass die Forschung und Entwicklung hier unbedingt weiter gehen müssen.
5) Man muss sich harte Maßnahmen gegen die Raser überlegen.
6) Die angekündigten Maßnahmen sind richtig und erfolgversprechend.

▶ *Lösung 9*

1) Die Zahlen täuschen: 3.902 Menschen in 6 Monaten – das ist fast die Bilanz eines kleinen Krieges und zeigt, dass der Straßenverkehr eingeschränkt werden muss.
2) Das liegt wohl kaum an den Menschen dort, sondern an den schlechten Straßen und veralteten Fahrzeugen.
3) Es liegt nicht an den Brandenburgern, sondern an den Alleebäumen, die dort so zahlreich sind und sich als Todesfalle entpuppen; deshalb sollten sie entfernt werden.
4) Der Rückgang ist erfreulich und zu begrüßen, aber Technik allein löst das Problem nicht, sondern das Verhalten der Menschen muss sich auch ändern.

5) Gegen das Rasen helfen nur Appelle an die Einsicht der Menschen, aber keine noch so hohen Strafen.
6) Die angekündigten Maßnahmen reichen nicht aus, sondern sind nur ein Tropfen auf dem heißen Stein. Oder auch: Strafen allein lösen das Problem nicht.

▶ *Lösung 10*

- Im ersten Absatz.
- Es werden nur die Zahlen und Brandenburgs Spitzenposition genannt; mehr ist für die Absicht des Kommentars nicht notwendig. (Stattdessen enthält er Zahlen zur Beteiligung Jugendlicher.)
- Im Verkehrsverhalten Jugendlicher, besonders der Raserei.
- „... die Gemeinschaft kann das nicht länger hinnehmen"
  „... keine Grenzen ... den Überlegungen, wie man die Raser zur Vernunft bringt."
  „Brandenburg soll besser fahren!" (Zitat)
- Manche möglichen Strafmaßnahmen wirken etwas übertrieben. Damit will er auf das Gewicht des Problems hinweisen.

▶ *Lösung 11*

„ ... die Gemeinschaft kann das nicht länger hinnehmen"
„ ... Überlegungen, wie man die Raser zur Vernunft bringt"

▶ *Lösung 12*

1c, 2e, 3a, 4b, 5d

▶ *Lösung 15*

Gemeinsam haben die Texte das Thema und die Ansicht, dass die jugendlichen Raser die Hauptursache für die vielen Verkehrstoten sind. Unterschiedlich: Der Artikel „Die Bäume sind schuld" ist sprachlich wesentlich schärfer geschrieben und konzentriert sich auf einen weiteren Punkt: die Forderung die Alleebäume für breitere Straßen zu fällen.

▶ *Lösung 16*

Der Artikel arbeitet mit dem Stilmittel der Ironie, indem er die ‚Schuld' der Bäume in übertriebener Weise in den Vordergrund stellt.

▶ *Lösung 17*

Wortneuschöpfung: „Fettlebe"; (durchgehendes) sprachliches Bild: Küche, Kantine, Rezept; verschiedene Sprachschichten: Abzählreim

(„Zehn kleine Negerlein“), Rezept-Stil („Würzen wir also nach.“), Bericht-Stil („Es ist erst ein paar Jahre her …“), Ausrufe („Gesegnete Mahlzeit“), Anspielung („Politkommissar“ [DDR])

▶ *Lösung 18*

1) „Ihr habt wirklich hervorragend gespielt!“ oder „Das war eine schwache Leistung!“
2) „Ich fühle mich gut vorbereitet und sehe der Arbeit mit Zuversicht entgegen.“ oder „Wenn ich die Arbeit doch nur nie schreiben müsste!“
3) „Ich komme gut mit meinem Chef klar.“ oder „Ich habe ein schlechtes Verhältnis zu meinem Chef.“
4) „Das hast du gut gemacht!“ oder „Das war eine schwache Leistung, von dir hätte ich mehr erwartet.“

▶ *Lösung 19*

Der Schreiber kritisiert 1. die Kosten für das Konzert; 2. dass die Stars nur an sich und ans Geld, aber nicht an die Fans denken; 3. den Aufwand der Mädchen für das Konzert (Schule schwänzen, sich bringen lassen); 4. das Gehabe der Ordner und den Gehorsam der Mädchen; 5. die unechten Gefühle; 6. die schlechte Qualität der Show.

▶ *Lösung 20*

Der Text nimmt fast dieselbe Haltung zu dem Konzertereignis ein, nur wird sie wesentlich humorvoller und ironischer aufgeschrieben.

▶ Lösung 21

Kritikpunkt	Text 1	Text 2
1) Kosten für das Konzert	„viel Geld"	„eigentlich kein nennenswerter Betrag"
2) Stars denken nur ans Geld	„die nur an ihr Geld denken"	„Spaß und Uneigennützigkeit ins Gesicht geschrieben"
3) Aufwand für das Konzert	„Sie schwänzen die Schule ... Sie lassen sich von ihren Eltern fahren ..."	„die Schule ist da nicht so wichtig, und Vatis Tank ist immer voll"
4) Gehorsam im Stadion	„militärischen Gehorsam"	„widerspruchslos Gehorsam geleistet ... Lehrer wohl auch gern"
5) unechte Gefühle, unerwiderte Liebe	„Stars anhimmeln, die sich in keiner Weise um sie kümmern"	„die große Liebe"
6) Qualität der Show	„dass die künstlerische Darbietung nichts taugt"	„mittelmäßige Show"

▶ Lösung 22

Vergleiche Ü 20.

▶ Lösung 23

„diese Verliebtheit hat ihre Vorteile, zweifellos", „und wenn's am schönsten ist, in Ohnmacht fallen", „in Zweierreihen Hand in Hand der Gänsemutter hinterher"

▶ *Lösung 24*
„eine mittelmäßige Show"

▶ *Lösung 25*
„einige warten schon seit 2 Tagen", „harren eine Nacht vorher aus", „um von den Ordnern platziert zu werden"

▶ *Lösung 27*
Es gibt eine neue Art von Tamagotchis, die ‚aufgezogen' werden, um gegeneinander zu kämpfen.

▶ *Lösung 29*
- Die ‚Kampf-Tamagotchis' sind harmlose Computer-Tierchen und Spielzeuge; sie haben sogar noch einen pädagogischen Wert.
- Die ‚Kampf-Tamagotchis' machen die Kinder aggressiv und erziehen zur Bösartigkeit, deshalb sollten sie verboten werden.

▶ *Lösung 30*
- Kinder können Tamagotchis von der Wirklichkeit unterscheiden; Kinder erleben Gewalt anders als Erwachsene; Eltern können die Kontrolle über die Tamagotchis behalten; ein Verbot regelt nichts; die Tamagotchis gewöhnen Kinder an regelmäßige Pflichten und die Übernahme von Verantwortung.
- Bösartigkeit und Brutalität erscheinen als erstrebenswerte Qualitäten; Kinder empfinden Freude an Gewalt und dem ‚Tod' des Gegners; der Tod wird verharmlost; Kinder lernen keine Pflichten, sondern werfen das Tamagotchi, wenn sie keine Lust mehr darauf haben, in die Ecke.

▶ *Lösung 31*
1) „Sie kennen nur die lieben Tamagotchis, die man füttern und pflegen musste, wenn sie einen Laut gaben? Die sind jetzt völlig ‚out'. Die neue Generation stellt sich endlich dem Leben als Kampf. Nur die Härtesten kommen durch. Sie können ihre Tamagotchis gegeneinander kämpfen, sich einander totbeißen oder mit Steinen bewerfen lassen."
2) „Dreißig Mark für ein ruhig gestelltes Kind, das neben seinem Vergnügen auch noch die Regelmäßigkeit von Pflichten lernt und Freude am Kampf hat – das ist ein angemessener und fairer Preis."

3) „Machen Jugendliche heutzutage nicht oft einen trägen Eindruck? Das Leben aber verlangt Härte. Die können sie jetzt von Kindesbeinen an trainieren – mit den neuen ‚Kampf-Tamagotchis"
4) „Es ist doch schön zu beobachten, wie Kinder und Erwachsene sich gleichermaßen an diesem Spiel erfreuen. Dass es in Geschäften schon zu Prügelszenen um die letzten Exemplare gekommen ist, zeigt nur, um welch herrliches Vergnügen es sich dabei handelt."
5) „Die wenigen Millionen Batterien und Tonnen Plastikabfall, die durch die Tamagotchis entstehen, kann die Umwelt auch noch verkraften."

▶ *Lösung 32*

- Die zweite Glosse; der erste Text befasst sich mit Tamagotchis allgemein.
- Die Kinder werden durch die Tamagotchis ihrer Umwelt fremd.
- In der zweiten Glosse: übertriebene Darstellung von Kindern als ‚Kampfsport'-Trainer. Ironische Darstellung von ‚Tamagotchi-Wettkämpfen'.
- Die erste Glosse bezieht sich nicht nur zu wenig auf das Thema, sondern benutzt insgesamt zu wenig ironische Darstellungsmittel.

▶ *Lösung 33*

275.000 Jugendliche suchen noch eine Lehrstelle; 111.000 Stellen sind noch zu besetzen; der Minister hält es für sinnlos, eine Lehrstelle zu blockieren und dann doch ein Studium aufzunehmen; er hat das Ziel, dass alle Ausbildungswilligen eine Chance bekommen; er hat etwas unternommen: 5.000 Briefe an Großunternehmen, 23 neue Berufsbilder, 50 modernisierte Ausbildungsberufe; weitere Vorschläge: Wegfall des zweiten Berufsschultages im 2. und 3. Lehrjahr, Entlastung der Betriebe von Kammergebühren, tarifvertragliche Regelungen, neue Ausbildungsberufsangebote, mehr Ausbildungsplätze bei von Ausländern geführten Betrieben; von einer Lehrstellenabgabe hält der Minister nichts.

▶ *Lösung 34*

Die Tatsache, dass 275.000 Jugendliche noch einen Ausbildungsplatz suchen, aber nur 111.000 Stellen angeboten werden, erschüttert den Bundesbildungsminister Rüttgers. Er hat an die Betroffenen appelliert, die Flinte nicht ins Korn zu werfen, sondern weiterhin nach Ausbildungsmöglichkeiten, besonders in neuen Ausbildungsberufen, zu suchen. Ziel der Politik sei es, dass jeder Ausbildungswillige eine

Chance erhalte. Zu diesem Zweck haben Bildungs- und Wirtschaftsminister 5000 Briefe an Großunternehmen geschrieben. Auch neue Berufsbilder und damit Ausbildungsmöglichkeiten seien geschaffen worden. Für notwendig hält der Minister die Streichung des zweiten Berufsschultages ab dem 2. Ausbildungsjahr, eine finanzielle Entlastung ausbildender Betriebe, tarifvertragliche Regelungen sowie neue Ausbildungsplätze bei von Ausländern geleiteten Betrieben.

▶ ***Lösung 35***

Geeignet sind a), c), d) und f), da sie eine Meinung wiedergeben.

▶ ***Lösung 37***

Gestrichen werden können b) und d), da es sich nicht um sachliche Meinungsäußerungen handelt.

2. Die Reportage

▶ ***Lösung 39***

Sie bemängeln, dass er nur das Ergebnis und den Ausgang des Turniers angibt, aber keine interessanten Eindrücke vom Spiel und dem Turniergeschehen wiedergibt.

▶ ***Lösung 40***

Die Ergebnisse wird jeder, der sich dafür interessiert, schon kennen, die genannten anderen Eindrücke aber nicht. Gerade die sind für die Leser interessant.

▶ ***Lösung 41***

Sie soll sich nicht nur auf die Wiedergabe bloßer Fakten beschränken, sondern auch Interessantes, was darüber hinausgeht, enthalten.

▶ ***Lösung 42***

z. B. persönliche Meinungen einholen, besonderen Wert auf wichtige Einzelheiten legen, Hintergrundinformationen geben, lebendig schildern

▶ ***Lösung 43***

Unser Spiel gegen die Ottmarshausener war eine mittelschwere Zumutung. Im Mittelfeld ging so gut wie nichts zusammen. Thomas

Gerner und Achim Heyde verfehlten sich mehrfach. „Ich weiß nicht, was die beiden im Training gemacht haben," sagte der genervte Herr Heckner noch während des Spiels, „zugehört und gut trainiert haben sie anscheinend nicht." Es war schon ein Bild für sich, unseren Sportlehrer da auf der Bank hin- und herrutschen zu sehen und verzweifelt seine Kommandos brüllen zu hören. Bei den Spielern sind sie anscheinend nicht angekommen.
Auch unser Torwart, Manuel Erhardt, war nicht gerade in Bestform. „Beim 1:0 hat Björn die Sicht versperrt. Die Abwehr war allgemein recht konfus." Diesen Eindruck kann man durchaus teilen, aber ob das als Entschuldigung ausreicht? Beim dritten Tor für die Ottmarshausener sah Manuel jedenfalls ganz schön alt aus. Er stand viel zu weit vor dem Tor und hätte diese ‚Gurke' wirklich gut bekommen können.
Nach dem Spiel habe ich mit Herrn Heckner und dem Team zusammengesessen. Nun überlegt man, wie es weiter gehen soll. (...)

▶ *Lösung 44*

Die Nachricht berichtet von der Absicht der Versicherung und den Hoffnungen der Geschädigten. Die Reportage berichtet in Einzelheiten von der Tätigkeit des Schadensregulierers.

▶ *Lösung 45*

z. B.: „Mit dem Schadensregulierer unterwegs", „Schadensregulierung im Hochwassergebiet", „Ein Versandhauskatalog im Kopf – die schwierige Augabe der Schadensregulierung"; „Zwischen Hoffen und Bangen – Die Hochwasserbetroffenen vor der Schadensregulierung"

▶ *Lösung 46*

1) Bei Herrn Latocha
2) Der Versicherungsvertreter nimmt die Schäden auf
3) Herrn Latochas Wohnung und seine Evakuierung
4) Der Zustand in der Thälmann-Siedlung
5) Bei Herrn Jordan
6) Bei Frau Meyer
7) Aufgaben und Ansichten von Herrn Mewes von der Versicherung
8) Ausblick

▶ Lösung 47

- konkrete Geschichten (Namen, Alter, genaue Angaben), z. B. die Nennung der Betroffenen mit Namen und Einzelheiten zur Familiengeschichte;
- Zitate, z. B. jeder der Beteiligten kommt direkt zu Wort, der Reporter tritt hinter die einzelnen Personen zurück;
- anschauliche, z. T. gefühlsmäßig ‚gefärbte' Wortwahl, z. B. Verben: „wubbelt", „überwältigen ihn seine Gefühle", Adjektive: „mit einem wuchtigen Tritt", „durchweichte Dokumente", Adverbien: „kämpft tapfer mit den Tränen", „ist fest entschlossen", Satzbau: „Tausende von Mücken surren durch die Sommerhitze. Die Luft steht. Die Menschen aber arbeiten." (Aneinanderreihung einfacher Hauptsätze, Parataxe), „Viel Geld für einen Rentner. Zu viel." (unvollständige Sätze)

▶ Lösung 48

„In Mewes Kopf muss es aussehen wie in einem Versandhauskatalog. Problemlos rattert er die Preise für Kühlschränke, je nach Modell versteht sich, Zwiebelmuster-Geschirr, selbst Handtücher oder Kleidung herunter."

„Verunsichert blickt er über den feuchten Haufen Sperrmüll, der einst seine Einrichtung war und jetzt in der heißen Sommersonne vor dem Haus ausdampft."

„Noch steht brackiges Wasser in den Straßen. Die Gärten sind mit schleimigem Morast überzogen. An den getünchten Wänden hat die braune Flut ihren Pegel gezeichnet."

▶ Lösung 49

Satz 2 ist in seinen Angaben genauer als Satz 1; aus Präteritum und Passiv des ersten Satzes werden Präsens und Aktiv im zweiten Satz. Dadurch wirkt der zweite Satz auch ‚gegenwärtiger', es passiert mehr.

▶ Lösung 50

Mit einem bunten Fest und vielen Dankesbekundungen verabschiedet die Ziltendorfer Bevölkerung die Soldaten, die so lange und ausdauernd im Kampf gegen die Fluten geholfen haben.

Die Oderfluten haben vor allem an älteren Häusern, deren Substanz ohnehin schon angegriffen war, irreparable Schäden hinterlassen.

Am Dienstagmorgen ordnet auf Weisung des Innenministeriums die Polizei die Evakuierung der Ziltendorfer Niederung an: Alle Bewohner

müssen sich bis zum Mittag in Eisenhüttenstadt melden und dürfen nur ihre persönlichen Dinge mitnehmen.
Viele Menschen fragen sich, ob die Versicherung die Schäden, die in ihren Wohnungen und Häusern entstanden sind, übernehmen wird, oder ob sie allein dastehen, wenn die Flut vorüber ist.

▶ *Lösung 51*

Der linke Auszug wirkt durch gleich bleibenden Satzbau monoton und wenig spektakulär. Der rechte Auszug bekommt durch Weglassen der Prädikate etwas Schlaglichthaftes, es entsteht eine Art dramatischer Wirkung.

▶ *Lösung 52*

Weglassen der Prädikate; genauere und anschaulichere Adjektive.

▶ *Lösung 53*

1) Tage- und nächtelanger Einsatz. Nur Sandsäcke stapeln, einen nach dem anderen. Am Ende dann die alles beherrschende Müdigkeit. Sekundenschnelles Einschlafen.
2) Georg Beerfeld betritt sein Haus: Erschrecken. Das gesamte Erdgeschoss ein Trümmerhaufen. Die Schränke aufgequollen vom Wasser, nicht mehr zu gebrauchen, Schrottwert. Ebenso der Inhalt.
3) Große Erwartungen, wenn der Versicherungsvertreter kommt. Alles verloren, und die Rente war schon zuvor knapp genug. Wird es Ausgleich geben?
4) Die plötzliche Armut, der ungewohnte Gang zum Sozialamt und zu den hilfeleistenden Organisationen. Zugleich Angst sich zu blamieren, bloßzustellen. Bei den anderen als Habenichts dazustehen. So geht die DRK-Frau selbst zu den Leuten. Sieht nach, wo geholfen werden muss und kann.

▶ *Lösung 54*

Durch das Zitat wirkt der Text lebendiger und authentischer (‚echter', ‚wirklicher').

▶ *Lösung 55*

Die Gemeindevertreter sagten, sie würden den Grad der Hochwasserschäden genau kennen und wüssten, wer das Geld am dringendsten braucht.

▶ *Lösung 56*

1) Die Versicherungsvertreter arbeiten bis zur Erschöpfung.
„Drei Dörfer habe ich heute besucht", sagt Herr Heinrich, „Drei Dörfer, das bedeutet, ca. 200 Anträge entgegennehmen, erste Auskünfte erteilen und die Anträge fürs Büro vorbereiten."
2) „Ohne euch hätten wir das hier nicht geschafft." So oder ähnlich ist es in Ziltendorf gegenüber den Soldaten heute oft zu hören. Alle sind sehr dankbar. „Besonders froh bin ich, dass mir die Jungs den schweren Wohnzimmerschrank auf den LKW geladen haben, bevor das Wasser ins Haus kam", freut sich Frau Lange.
3) Die Bevölkerung ist auf die Art und Weise der Evakuierung nicht gut zu sprechen. „Die Polizei hat uns praktisch gar keine Zeit gelassen, wichtige Dinge mitzunehmen!", klagt Herr Plassmann.
4) Frau Meyer will ihr Haus auf jeden Fall wieder aufbauen. „Ich hänge an dem Stück Land hier. Hier habe ich meine Kinder großgezogen und die meiste Zeit meines Lebens gewohnt", erinnert sie sich.

▶ *Lösung 57*

Im ersten Text wird eine übergeordnete, unparteiische Perspektive eingenommen; der zweite Text berichtet deutlicher aus der Sicht des Rentners.

▶ *Lösung 58*

Die Nachricht muss unparteiisch und sachlich sein.

▶ *Lösung 59*

Das entspricht der Anforderung der Lebendigkeit und Anschaulichkeit; so lassen sich auch in stärkerem Maße Hintergrundinformationen einbauen.

▶ *Lösung 60*

a) Während die Soldaten Tag und Nacht Zehntausende von Sandsäcken zu einem künstlichen Deich gegen die Oderfluten aufschichten, arbeiten sie bis an den Rand ihrer Kräfte. Der Schweiß fließt, so mancher Fluch entfährt ihnen, dann aber auch wieder Aufmunterungen. So haben sie nicht nur Arbeit, sondern auch Spaß. Und dann die Freude: Er hält. Das Gefühl, eine sinnvolle Arbeit getan zu haben. Und natürlich ist es schön zu erleben, wie sich auch die Einheimischen freuen.

b) Diese Feier haben sie sich verdient. Und das Dorf stellt dafür alles auf die Beine, was es kann. Ein Fußballturnier, und es spielt keine Rolle, dass die Wiesenauer gewinnen. Gulaschkanone, Spanferkel, ein gutes Bier – nach Wochen der Arbeit können sie endlich einmal wieder genießen. Das setzt sich dann abends auf dem Fest mit Musik und Tanz fort.

▶ Lösung 61

Verben: konnten sie das Nötigste zusammenraffen (packen), ihr Haus ist hin (ist beschädigt), problemlos rattert er die Preise herunter (zählt … auf);
Adjektive: den feuchten (–) Haufen Sperrmüll, mit schleimigem (–) Morast, der verwüsteten (zerstörten) Wohnung;

▶ Lösung 62

zum Beispiel:

Günter Jordan ist tief traurig.	„Günter Jordan kämpft tapfer mit den Tränen."
Die Rentnerin will wieder neu anfangen.	„Die rüstige 77-Jährige ist fest entschlossen sich vom Hochwasser nicht unterkriegen zu lassen."
Der Vertreter besucht jeden Versicherten.	„Mit einer scheinbar unendlichen Geduld geht Herr Mewes von Versichertem zu Versichertem und registriert gründlich die Schäden."
Herr Latocha teilt seiner Frau mit, dass ihre Wohung zerstört ist.	„Unter Tränen und mit zitternder Stimme berichtet Herr Latocha stockend seiner Frau von der Verwüstung, die das Hochwasser in der Wohnung angerichtet hat."

▶ *Lösung 63*

NACHRICHT	REPORTAGE
1. Überschrift/Untertitel	1. persönl. Beispiel (I a)
2. Zusammenfassung des Wichtigsten in Kürze	2. Tätigkeit der Hauptfigur
3. nähere Erläuterung der Hauptinformation	3. persönl. Beispiel (I b)
4. Zusatzinformationen	4. Verallgemeinerung, Lagebericht
	5. persönl. Beispiel (II)
	6. persönl. Beispiel (III)
	7. Aufgaben der Hauptfigur
	8. Ausblick

▶ *Lösung 64*

Die Nachricht muss zunächst über den allgemeinen Sachverhalt bzw. das Ereignis berichten, die Reportage kann einen Sachverhalt an einem Beispiel verdeutlichen.

▶ *Lösung 65*

Im zweiten und vorletzten Absatz.

▶ *Lösung 66*

Ein Beispiel zu Beginn macht den eigentlichen Sachverhalt, das, worum es geht, klarer und verständlicher und weckt Interesse. Es ist gut, gegen Schluss noch einmal etwas allgemeiner zu werden, da so das Berichtete noch einmal gebündelt werden kann.

▶ *Lösung 67*

Beziehung zum Anfang der Reportage wieder herstellen; Möglichkeit eines persönlichen Ausblicks; Herstellen von Betroffenheit.

▶ *Lösung 68*

Nach dem Besuch des Versicherungsvertreters blickt Herr Latocha wieder etwas zuversichtlicher in die Zukunft. „Es wird genug Arbeit für uns übrig bleiben, aber wenn die Versicherung die Schäden zu einem Großteil ersetzt und vielleicht noch einige Spendengelder kommen, können wir hier alles wieder aufbauen." Wie er das machen wird, weiß er freilich noch nicht, aber in einem Jahr möchte er wieder in seinem alten Haus wohnen.

▶ *Lösung 69*

- Die Betriebe haben genauer geplant; es gibt in beinahe jeder Branche noch freie Plätze; ein neues Sonderprogramm von Bund und Ländern startet; einige zusätzliche Lehrstellen wurden an dem ‚Tag des Ausbildungsplatzes' ausfindig gemacht.
- Bankkkaufmann/-frau
- Es wurden zusätzliche Lehrstellen ausfindig gemacht, aber nicht so viele wie erwartet.
- Mobilität und die Bereitschaft auch persönlich bei Betrieben anzufragen.
- Höhere Schulausbildung oder berufsvorbereitende Maßnahmen.

▶ *Lösung 70*

Lehrstellenbewerber, Anbieter, Arbeitsamt/Vermittler

▶ *Lösung 71*

zum Beispiel:

- „Auf Lehrstellensuche – Jugendliche berichten"
- „Wie man Lehrstellen aufspürt" (Der Arbeitsvermittler unterwegs in den Betrieben)
- „Der Tag des Ausbildungsplatzes in Berlin"
- „Erfahrungen eines ausbildenden Handwerksmeisters"

▶ *Lösung 73*

„Ich befinde mich hier an der Moltkebrücke in Tiergarten"
→ *An der Moltkebrücke in Tiergarten ist die Situation besonders dramatisch.*

„Ich kann Ihnen sagen, ich empfinde Mitleid für diese Leute, aber ich bewundere die mutigen Feuerwehrleute ..."
→ *Man kann nur Mitleid empfinden für die Betroffenen und Bewunderung für die mutigen Feuerwehrleute.*

„Wie ich vorhin schon sagte, man kann die Feuerwehrhelfer und die freiwilligen Helfer nur bewundern"
→ [kann ausgelassen werden, da Wiederholung; allenfalls:] *Auch die zahlreichen freiwilligen Helfer verdienen Bewunderung und Anerkennung.*

„Ich wünsche allen, die heute ohne eine trockene und warme Wohnung sind, alles Gute und viel Glück. Damit schalte ich zurück nach Hamburg."

→ *So kann man den obdachlos Gewordenen nur alles Gute wünschen und viel Glück, dass sie bald wieder ein Dach über dem Kopf haben.* [Letzter Satz entfällt.]

▶ ***Lösung 75***

die Bergung von Möbeln oder eingeschlossenen Haustieren; die Schwierigkeiten beim Installieren der Pumpen; die umständliche Sperrung eines Autobahntunnels...

▶ ***Lösung 76***

das langsame Volllaufen der Kellerräume, Durchregnen durch undichte Dächer, entstandene Schäden, Dankbarkeit gegenüber Feuerwehr und freiwilligen Helfern...

3. Die lineare Erörterung

▶ ***Lösung 79***

Ein Mann sitzt am Tresen und macht sich Gedanken über einen Jungen, der wahrscheinlich sein Sohn ist und der Drogen nimmt. Der Mann trinkt mehrere Flaschen eines alkoholischen Getränks, während er darüber reflektiert, dass der Junge mit Drogen seine Probleme nicht lösen könne. Auch er selbst habe Probleme und nehme keine Drogen. Diesen letzten Satz sagt der Mann augenscheinlich bereits in betrunkenem Zustand.

▶ ***Lösung 80***

Drogen sind für ihn z. B. Haschisch, Heroin, Kokain.

▶ ***Lösung 81***

Offensichtlich nicht.

▶ ***Lösung 82***

Alle Mittel, von denen man abhängig werden kann: Alkohol, Medikamente, Heroin, Fernsehen, Computer, Extremsportarten.

▶ *Lösung 83*

Jugendliche greifen zu Drogen,

- weil sie Probleme mit den Eltern haben,
- weil sie angeben wollen,
- weil sie neugierig sind,
- weil sie dazugehören wollen,
- weil Aufklärungskampagnen versagt haben
- weil sie schulische und berufliche Probleme haben.

▶ *Lösung 84*

Man kann sie z. B. danach ordnen, ob sie in den individuellen, familiären, sozialen und beruflichen Bereich hineingehören.

▶ *Lösung 85*

Weitere Gründe könnten z. B. sein: Angst vor der Realität, Unsicherheit/mangelndes Selbstbewusstsein, Enttäuschung in einer Partnerschaft, Ablehnung im Freundeskreis, Gefühl von Einsamkeit, Gefühl der Überforderung, keine Erfolgserlebnisse, z. B. in der Schule.

▶ *Lösung 86*

Je nach der persönlichen Gewichtung wirst du das eine oder andere Argument für das wichtigste halten. Du könntest z. B. mit dem individuellen Bereich (z. B. mangelndes Selbstbewusstsein, Neugier) beginnen, dann auf den familiären Bereich (z. B. Ablehnung in Familie, Probleme in der Familie) zu sprechen kommen und über den sozialen Bereich (Clique, Enttäuschung in Partnerschaft) auf den beruflichen Bereich (Überforderung, mangelnde Erfolgserlebnisse) eingehen.

▶ *Lösung 87*

Ich finde, dass jeder Mann heutzutage einen Bügelkurs besuchen sollte,	These
da diese Fähigkeit beim Führen eines Haushaltes hilfreich sein kann.	Argument
Viele Leute meinen, dass Frauen schlechtere Autofahrer seien als Männer.	These
Sie würden sich nämlich oft im Spiegel schminken und könnten so nicht auf den Verkehr achten.	Argument

Gestern habe ich selbst eine Autofahrerin beobachtet, die während des Fahrens ihren Lippenstift aufgetragen hat,	Beispiel
sodass sie in diesem Moment nicht bemerkte, dass von rechts ein Auto kam, das Vorfahrt hatte.	Folgerung
Dass Frauen schlechtere Autofahrer seien als Männer, stimmt einfach nicht,	These
denn gerade Autofahrerinnen sind wesentlich weniger in Unfälle verwickelt als ihre männlichen Kollegen.	Argument
Diese beweist die Unfallstatistik des ADAC, außerdem bekommen Frauen bei KFZ-Versicherungen einen Rabatt und müssen weniger bezahlen als Männer.	
Somit muss doch wohl etwas daran sein, dass Frauen besser Auto fahren als Männer!	Folgerung

▶ ***Lösung 88***

- Viele fordern, dass Schüler ihre Schule selbst putzen sollen, weil sie dann lernen, sich umweltbewusst zu verhalten. In unserer Klasse haben wir eingeführt, dass jeder, der etwas auf den Boden fallen lässt, am Ende des Vormittags die ganze Klasse aufräumen muss. Fortan war unser Klassenzimmer immer sehr sauber. Somit ist bewiesen, dass die Eigenbeteiligung von Schülern bei der Reinigung der Schule sinnvoll ist.
- Man sollte Alkohol und Zigaretten erheblich verteuern, weil dann weniger Menschen rauchen und trinken würden. Ein Jugendlicher z. B., der 10,– Euro Taschengeld bekommt, würde es sich sicher zweimal überlegen, ob er sein ganzes Geld für Zigaretten ausgibt. Wenn man Jugendliche wirklich schützen will, muss man also den Preis für diese Suchtmittel erhöhen.
- Man sollte die Schulzeit auf 12 Schuljahre verkürzen, weil alle notwendigen Stoffinhalte auch in dieser Zeit gelernt werden können. Einige Schulen in Baden-Württemberg, die das Abitur nach 12 Jahren anbieten, beweisen dies. Es ist somit gar nicht notwendig, dass Schüler 13 Jahre lang die Schulbank „drücken“.

▶ *Lösung 89*

Schüler sollen ihre Schule selbst putzen,

• weil sie sowieso so wenig arbeiten.	• *schlecht, weil nicht verallgemeinerbar*
• weil das für ihre spätere Berufstätigkeit sinnvoll ist.	• *schlecht, weil nicht alle Reinigungskräfte werden*
• weil sie so umweltbewusstes Verhalten lernen.	• *gut, weil nachprüfbar*
• weil das die einzige Möglichkeit ist, bei der sie lernen, mit Lappen und Besen umzugehen.	• *schlecht, sie haben auch zu Hause die Möglichkeit*
• damit es ihnen in der Schule besser gefällt.	• *gut, Schüler selbst verantwortlich machen*
• weil das die Lehrer freut.	• *schlecht, für These unerheblich*
• weil sie sonst in ihrem eigenen Müll versinken.	• *schlecht, Reinigungsfirmen putzen Schule*
• weil sie ihre Schule selbst putzen sollen.	• *schlecht, These wird nur wiederholt*
• weil die Putzfrauen dadurch entlastet werden.	• *gut, nachprüfbare Tatsache*
• weil das so in der Schulordnung steht.	• *schlecht, weil es nicht in der Schulordnung steht.*
• weil sie dann nicht so gedankenlos mit ihrem Müll umgehen.	• *gut, allgemeine Erfahrung*

▶ *Lösung 90*

Folgen: Krebs, Lebererkrankung, Verkehrsunfälle führen zu Schäden an der Volkswirtschaft; Familien zerbrechen, Kinder alkoholabhängiger Eltern werden auch alkoholabhängig.

▶ *Lösung 91*

Weitere Folgen sind z. B.: Kriminalität, Geldmangel, mangelnde berufliche Perspektive, geringe Konzentrationsfähigkeit, Vereinsamung.

▶ *Lösung 92*

Der Leser ist der Ansicht, dass Drogenabhängige selbst schuld an ihrer Sucht seien. Daher sollte man sie einsperren und sie für ihren Aufenthalt bezahlen lassen. Arbeit sei die beste Therapie für Suchtkranke, die sich ihre Eingliederung in die Gesellschaft erst wieder verdienen sollten.

▶ *Lösung 93*

Die These von der Schuld für die eigene Sucht ist nicht haltbar. Meist ist es eine Verkettung äußerer Umstände, die Menschen zu Drogen greifen lässt. Außerdem haben Therapieprogramme durchaus Erfolg. Menschen das ganze Leben einzusperren geht nicht an die Ursache des Drogenproblems; Resozialisierungsmaßnahmen sind notwendig, sie gehen aber nicht von der Annahme aus, die ehemals Süchtigen seien geheilt. Dass eine sinnvolle Arbeit eine gute Therapie ist, ist wohl die einzige Behauptung, der man zustimmen kann.

▶ *Lösung 94*

Hilfen für Drogensüchtige: nach dem Entzug z. B. betreutes Wohnen, sinnvolle Arbeit, psychotherapeutische Behandlung, Stärkung der Selbstverantwortung und der Selbstständigkeit, sportliche Betätigung.

▶ *Lösung 95*

Der Leserbrief hat je nach Gewichtung ein anderes Aussehen. Er könnte zum Beispiel so formuliert werden:
„Der Brief von Leser Alfons M. hat mich sehr erschreckt. Er meint, dass alle Abhängigen für ihre Sucht selbst verantwortlich seien und dass man sie wegsperren müsste. Natürlich muss man andere Jugendliche vor Drogen schützen, aber die, die Drogen nehmen, sind doch meist nur die Opfer. Die wirklich gefährlichen Leute sind die Dealer. Die muss man einsperren und hart bestrafen. Aber für Suchtkranke sollte man alle Therapiemöglichkeiten nutzen, um sie wieder für ein normales Leben fit zu machen. Wenn sie eine sinnvolle Arbeit haben, in einer netten Wohngemeinschaft leben, wo sie das Gefühl haben, dass sich jemand um sie kümmert, dann werden sie viel schneller wieder ins normale Leben zurückfinden als im Gefängnis. Drogenabhängige sind kranke Menschen, man darf sie nicht wie Aussätzige behandeln, wie es Herr Alfons M. vorschlägt." Claudia B., Heidelberg

▶ *Lösung 96*

Welche GRÜNDE führen dazu, dass immer mehr MENSCHEN SCHULDEN machen?

GRÜNDE	MENSCHEN	SCHULDEN
Kaufsucht	Jugendliche	In welcher Form?
zu geringes Einkommen	Erwachsene	Kredite, Ratenzahlung?
falsche Beratung bei Banken	Arbeitslose	
materialistisches Weltbild		

Welche FOLGEN kann dieser Umstand haben?

kein finanzieller Spielraum
psychische Probleme

WARUM wünschen sich immer mehr MENSCHEN einen PERFEKTEN KÖRPER?

WARUM	MENSCHEN	PERF. KÖRPER
Vorbilder im Fernsehen	Wer wünscht das?	Wie sieht er aus?
		schönes Gesicht
soziale Kontakte		
		durchtrainierter Körper
Schönheitsideal		
gesellschaftliche Entwicklung		

Welche GEFAHREN sind mit dieser ENTWICKLUNG verbunden?

GEFAHREN	ENTWICKLUNG
zeitintensiv	zwangsläufig?
teuer	Was fördert Entwicklung?
mangelnde Akzeptanz anderer Menschen u. eigener Schwächen	
Gefahr des In-sich-selbst-Verliebtseins	
einseitige Fixierung auf Schönheit, innere Werte treten zurück	

▶ *Lösung 97*

Das Schaubild zeigt die Entwicklung der Zahl der Erstkonsumenten harter Drogen im Zeitraum von 1982 bis 1994. Die Zahl sinkt zwar 1983, 1985 und 1993 jeweils unter die des Vorjahres, es ist jedoch ein stetiger Anstieg von 4.506 Erstkonsumenten im Jahre 1982 bis zu 14.512 im Jahre 1994 festzustellen.

▶ *Lösung 98*

- nicht gelungen, persönliche Wertung in der Einleitung nimmt Spannung
- gelungen, aktuelles Beispiel mit Überleitung
- gelungen, persönliches Erlebnis mit Statistik verbunden, auch Überleitung vorhanden
- gelungen, persönliches Erlebnis mit Statistik

▶ *Lösung 99*

Einleitung zu Thema „Schulden": Vor kurzem sah ich einen Bekannten, der noch zur Schule geht, mit einer neuen 80er herumfahren. Auf meine Frage, ob er das Motorrad von seinen Eltern geschenkt bekommen habe, lachte er und meinte, er habe sich das Geld von Bekannten geliehen und sich davon die Maschine gekauft. Nicht nur

mein Bekannter, sondern auch immer mehr Deutsche finanzieren Anschaffungen „auf Pump". Im folgenden Aufsatz möchte ich die Gründe für dieses Verhalten untersuchen und mögliche Folgen ins Auge fassen.
Einleitung zum Thema „Schönheit": Nach einer neuen Statistik schießen Fitnessstudios überall wie die Pilze aus dem Boden. Die Vorstellung eines makellosen Körpers spornt immer mehr Menschen an, sich stundenlang mit Kraftmaschinen zu beschäftigen. Weniger sportlich orientierte Menschen lassen sich Falten oder Fettpolster chirurgisch entfernen. Aus welchem Grund sich immer mehr Menschen einen perfekten Körper wünschen und welche Gefahren mit dieser Entwicklung verbunden sind, will ich im Folgenden erörtern.

▶ *Lösung 100*

Argumente für Gründe: Neugier, Gruppendruck, zu wenig Aufmerksamkeit von Eltern und Lehrern; Argumente für Folgen: Griff zu härteren Drogen, Geldbeschaffung durch kriminelle Handlungen; Argumente für Abhilfemöglichkeiten: Therapie, Entkriminalisierung, größere Aufmerksamkeit von Eltern und Erziehern.

▶ *Lösung 101*

Ein Grund, der Jugendliche zu Drogen greifen lässt, ist sicherlich die Neugierde. Man möchte auch einmal das ausprobieren, was nach den Erlebnisberichten der Freunde sehr abenteuerlich erscheint. Außerdem wollen Jugendliche in ihrem jeweiligen Freundeskreis akzeptiert sein. Wenn in einem solchen Freundeskreis Drogen konsumiert werden, so ist der Gruppendruck auf jeden Einzelnen sehr hoch.	Argument
Um nicht als Außenseiter zu gelten, greift dieser Jugendliche dann auch zu Drogen.	Folge
Ein wichtiger Grund liegt in der Tatsache, dass Jugendliche heute viel zu wenig Aufmerksamkeit von den Erwachsenen bekommen.	Argument
Viele Eltern haben in unserer Zeit viel zu viel mit sich selbst zu tun, als dass sie Zeit hätten, sich Gedanken um die Erziehung ihrer Kinder zu machen.	Beweis
Viele Kinder werden einfach vor den Fernseher „abgeschoben", Kinder werden nicht mehr oder zu wenig gelobt, vielmehr werden sie, was beinahe noch schlimmer ist, bei	Beispiele

Misserfolgen zu wenig von den Eltern unterstützt. Manche Eltern verstärken das mangelnde Selbstwertgefühl der Kinder, indem sie ihnen suggerieren, dass sie ja ohnehin nichts zu Stande brächten.	
Häufig ist daran auch die berufliche oder private Unzufriedenheit der Eltern schuld, die dann auf die Kinder projiziert wird.	Argument
Die Folge eines solchen Umgangs ist, dass Jugendliche ohne Selbstbewusstsein aufwachsen. Kommen sie in den falschen Freundeskreis, so sind sie leicht zu beeinflussen und greifen in diesem Zusammenhang möglicherweise auch zu Drogen.	Folge
Die Folgen des Drogenkonsums sind erschreckend.	These
Hat man erst einmal so genannte „weiche Drogen", z. B. Haschisch, probiert, so wird, wenn die oben beschriebenen Probleme nicht aus der Welt geschafft worden sind, der Wunsch nach einem noch umfassenderen Eintauchen in die „heile" Welt immer stärker. Er äußert sich im Griff zu härteren Drogen, wie z. B. Heroin.	Argument
Statistiken beweisen, dass fast alle Heroinabhängigen über so genannte „weiche Drogen" den Einstieg in die Abhängigkeit gefunden haben.	Beweis
Greift der Jugendliche aber erst einmal zu Heroin, so befindet er sich auf einem Weg, der bei vielen Abhängigen schon zum Tod geführt hat.	Folge
Die Geldreserven der jugendlichen Drogenkonsumenten sind meist nach kurzer Zeit aufgebraucht.	These
Um sich das notwendige Geld zu beschaffen, müssen sie Straftaten begehen, wie z. B. Diebstähle oder Überfälle. Manche finanzieren sich ihre Sucht auch durch den Verkauf von Drogen an andere Abhängige, durch das so genannte „Dealen".	Argument
Polizeistatistiken beweisen, dass Drogenkonsumenten ein ständig steigender Anteil an verübten Straftaten zur Last gelegt werden muss.	Beweis
Dieser Gesichtspunkt muss der Anlass dafür sein, darüber nachzudenken, wie man Drogenabhängigen aus ihrer Lage, aus der sie mit eigener Kraft kaum mehr herausfinden, helfen könnte. Therapeutische Einrichtungen, Entziehungskuren, aber auch die Entkriminalisierung der Drogenabhängig-	These

keit bieten wichtige Ansätze, die im Einzelnen zu untersuchen wären. Wichtiger erscheint bei allen diesen Ansätzen aber die Bekämpfung des eigentlichen Problems, welches die Jugendlichen überhaupt erst zur Droge greifen ließ. These

Zunächst müsste an die Eltern appelliert werden, sich mehr für ihre Kinder zu interessieren, mehr Verständnis für die Probleme der Jugendlichen zu zeigen und ihnen ein Gefühl für den eigenen Wert zu vermitteln. Argument Eltern könnten sich z. B. die Zeit nehmen, um mit ihren Kindern Sport zu treiben oder mit ihnen über aktuelle Themen zu diskutieren. Beispiel Auch die Lehrer sollten sich darum bemühen, die Schüler nicht einfach als Nummer, sondern als Menschen zu betrachten und entsprechend mit ihnen umzugehen. Eine Folge wäre, dass Schüler mit weniger Angst vor den Noten und mehr Freude aufs Lernen in die Schule gehen. Folge

▶ *Lösung 102*

ARGUMENTE	BEWEIS/BEISPIEL („STÜTZE")	FOLGE
• Gründe für die Sucht: – Jugendliche bekommen zu wenig Aufmerksamkeit – Jugendliche haben schlechte berufliche Perspektiven	– Leistungsdruck und große Klassen, steigende Schülerzahlen – Arbeitslosenzahl unter Jugendlichen besonders hoch	– Jugendliche fühlen sich allein gelassen und nehmen Drogen – Drogen als Flucht vor harter Realität der Beschäftigungslosigkeit
• Folgen der Sucht: – Kriminalität, Prostitution, um Drogengeld zu verdienen – Drogensucht verstärkt Probleme der Jugendlichen	– Fernsehberichte, Buch *Wir Kinder vom Bahnhof Zoo* – permanente Suche nach Geld und Suchtmitteln	– weiteres Abrutschen in Drogensucht, erhöhte Aidsgefahr – Apathie, Depression wg. ausweglos erscheinender Lage
• Abhilfemöglichkeiten – berufliche Perspektiven, Ausbildungsplätze – Verstärkung der Aufklärungsarbeit	– Zeitungsbericht über ehemalige Drogenabhängige, die Schreinerlehre machen – ehemalige Drogenabhängige, die von ihren Erfahrungen berichten	– Jugendlicher, der Ausbildung erfolgreich macht, fühlt sich von Gesellschaft akzeptiert und wird nicht drogenabhängig oder rückfällig – Glaubwürdigkeit, besser als abschreckende Filme / Bücher

▶ *Lösung 103*

Die ausgearbeiteten Argumente sind:

Gründe Auch in der Schule bekommen die Jugendlichen viel zu wenig Aufmerksamkeit. Die schwierige Arbeitsmarktsituation trägt die Konkurrenz um den Arbeitsplatz bis in die Schule hinein und äußert sich in hohen Leistungsanforderungen. Der menschliche Aspekt tritt häufig in die zweite Reihe, der Lehrer sieht den Schüler nur noch als Nummer, ohne seine individuellen Schwierigkeiten zu bemerken. Diese Entwicklung wird durch steigende Schülerzahlen und immer größere Klassen gefördert. Eine Folge der mangelnden Aufmerksamkeit ist, dass sich der Jugendliche allein gelassen fühlt und dass er den Mangel an menschlicher Zuwendung und den zunehmenden Leistungsdruck mit Drogen zu kompensieren versucht.

Als den wichtigsten Grund für die Zunahme des Drogenkonsums sehe ich das Problem, dass die Jugendlichen von heute fast keine Perspektiven mehr haben. Immer mehr Jugendliche sind arbeitslos, und manche suchen die Schuld dafür bei sich selbst. Sie liegen dann den Eltern auf der Tasche, sind enttäuscht, wissen mit ihrer Zeit nichts Sinnvolles anzufangen. Sie fühlen sich überflüssig in einer leistungsorientierten Gesellschaft, weil ausgerechnet sie nichts Produktives leisten. Für viele ist diese ausweglos erscheinende Situation nicht zu ertragen. Die Drogen ermöglichen eine Flucht aus der harten Realität in eine scheinbar schöne, heile Welt.

Folgen Viele, vor allem weibliche Drogenabhängige verdienen sich das Geld durch Prostitution. Besonders deutlich wird dieser Umstand nicht nur in Fernsehdokumentationen, sondern auch in Büchern, wie z. B. in Christiane F.s *Wir Kinder vom Bahnhof Zoo*. Prostituierte sind zudem leichte Opfer für Gewaltverbrechen, als Angehörige eines verachteten „Gewerbes“ sind sie zudem gesellschaftliche Außenseiter. Auch die Gefahr einer Infektion durch AIDS ist bei ihnen sehr hoch.

Eine besonders gravierende Folge ist, dass der Drogenkonsum die eigentlichen Probleme der Jugendlichen keinesfalls löst, sondern sie im Gegenteil noch verstärkt. Die permanente Suche nach Geld und dem Suchtmittel schließt den Abhängigen aus der Gemeinschaft der Nicht-Abhängigen aus, weil sich seine Gedanken nur noch um seine Abhängigkeit drehen. Vollständige Apathie, aber auch Depressionen bis hin zu Selbstmordversuchen können Ausdruck der für den Abhängigen ausweglos erscheinenden Lage sein.

Abhilfe — Eine berufliche Perspektive zu vermitteln, ist eine der wichtigsten Maßnahmen, um Jugendliche vor dem Abgleiten in den Drogenkonsum zu bewahren. Ein Jugendlicher, der eine Ausbildung macht oder seiner geregelten Arbeit nachgeht, fühlt sich von der Gesellschaft akzeptiert und ist selbstbewusst. In einem Zeitungsbericht wurde z. B. von ehemaligen Drogenabhängigen erzählt, die jetzt eine Schreinerlehre absolvieren und nach Abschluss ihrer Ausbildung bereits eine feste Anstellung haben. Somit ist die Gefahr gering, dass sie erneut zu Drogen greifen werden.

Schließlich sollte man die Aufklärungsarbeit in Schulen und Betrieben verstärken. Dabei sollten vor allem solche Experten eingesetzt werden, die besonders glaubwürdig sind. Das sind z. B. ehemalige Drogenabhängige, die eine erfolgreiche Entziehungskur bzw. Therapie hinter sich haben. Diesen Fachleuten werden die Jugendlichen sehr viel mehr Glauben schenken als jemandem, der seine Erfahrung nur aus Büchern oder Broschüren hat.

▶ *Lösung 104*

Gliederung des Hauptteils

Gliederung	I. Gründe für Drogenkonsum
individuell	Neugierde
Freunde	Gruppenzwang
Familie, Schule	zu wenig Aufmerksamkeit von Eltern und Lehrern / Suche nach menschlicher Nähe
gesellschaftlich/ beruflich	Perspektivlosigkeit
	II. Folgen des Drogenkonsums
individuell	Griff zu härteren Drogen Geldbeschaffung durch kriminelle Handlungen
gesellschaftlich	Prostitution und die Folgen Psychische Folgen: Depression, Apathie, Ausschluss aus Gesellschaft
	III. Abhilfemöglichkeiten
individuell	Therapie, Entkriminalisierung
Familie, Schule	größere Aufmerksamkeit der Eltern und Lehrer
gesellschaftlich	staatliche Initiativen, z. B. Aufklärung

▶ *Lösung 105*

Gliederung des Hauptteils

Gliederung	I. Gründe
individuell	1. Krankheit: Kaufsucht
beruflich	2. zu geringes Einkommen, z. B. wegen Arbeitslosigkeit
	3. falsche Beratung bei Bank o. Versicherung,z. B. bei Hausfinanzierung oder Konsumkrediten
gesellschaftlich	4. Ausrichtung auf materialistisches Welt- und Menschenbild, durch Fernsehen gefördert; Nachbarn nacheifern, Konsumwünsche durch Werbung, Vorbilder im Fernsehen
	II. Folgen für Einzelnen
individuell	1. kein finanzieller Spielraum durch Zins- und Tilgungslasten
	2. psychische Probleme, Mangel an Optimismus, Fatalismus
	3. möglicherweise Flucht in Sucht oder Suizid
	III. Folgen für Gesellschaft
Familie	1. Familien zerbrechen, Scheidungskinder, negative Auswirkung auf Leistungsfähigkeit
gesellschaftlich	2. Anstieg der Obdachlosigkeit
	3. Anstieg von Sozialhilfeempfängern bedeutet höhere Sozialausgaben
	4. Spaltung der Gesellschaft in Arm und Reich

Gliederung	I. Gründe:
weniger wichtig	1. Vorbilder aus Musik, Kunst, Theater, Film, Fernsehen
	2. Besuch des Fitnessstudios, um soziale Kontakte herzustellen und um gesund zu bleiben, v. a. für Berufstätige

	3. Schönheit und Fitness als Ideal, das auf Gesundheit hindeutet
sehr wichtig	4. gesellschaftliche Entwicklung: Betonung des Äußerlichen, Gesundsein als Stärke
	<u>II. Gefahren:</u>
weniger wichtig	1. Besuch des Fitnessstudios ist zeitintensiv (weniger Zeit z. B. für Familie) und teuer; teuer sind auch kosmetische Operationen, kann zu finanziellen Schwierigkeiten führen
	2. mangelnde Akzeptanz anderer Menschen, die keinen durchtrainierten Körper haben; könnte zu gesellschaftlicher Ausgrenzung von z. B. Behinderten führen
	3. mangelnde Akzeptanz der eigenen Schwächen, auch der körperlichen; Schwierigkeiten im Umgang mit Krankheiten
	4. Gefahr des In-sich-selbst-Verliebtseins
sehr wichtig	5. Gefahr, dass Äußerlichkeiten immer mehr an Bedeutung gewinnen, während innere Werte zurücktreten.

▶ *Lösung 106*

Schluss 1: eine Aufforderung, ein Appell

Schluss 2: Ausblick auf zu erwartende künftige Entwicklungen zur Thematik

Schluss 3: persönlicher, sich auf die Argumentation stützender Wunsch, der sich auf die Thematik bezieht.

▶ *Lösung 107*

Die Schlüsse sind alle gelungen. Man sollte den auswählen, der am besten zum eigenen Aufsatz passt.

▶ *Lösung 108*

Thema „Schulden": Wir haben gesehen, welche schwerwiegenden Folgen unbedachte Kreditaufnahme haben kann. Man sollte es sich daher genau überlegen, wenn man Geld leiht, ob man die Anschaffung wirklich unbedingt tätigen muss. Vielleicht gibt es auch die Möglichkeit, eine kostengünstigere Lösung zu finden. Die Vorstel-

lung, über Jahre hinaus mit hohen Zins- und Tilgungsverpflichtungen leben zu müssen, sollte jeden vor unüberlegter Kreditaufnahme abschrecken.
Thema „Schönheit": Meiner Meinung nach sollte man nicht immer versuchen, einem Ideal von Schönheit hinterherzulaufen, das man ohnehin nicht erreichen kann. Auch Leiden und Krankheit, Alter und Verfall haben ihren Sinn im menschlichen Leben. Man sollte lieber seine eigenen Schwächen annehmen lernen als vor ihnen davonzulaufen.

▶ ***Lösung 109***
Vorschlag für die Ausarbeitung (stichwortartig)

A. Einleitung:	verschmutzte Schulräume, Schmierereien auf den Tischen und an den Wänden
B. Überleitung:	Gründe, weshalb Schüler ihre Schule selbst putzen sollen
C. Hauptteil:	1. Kosten für Reinigung werden gespart 2. Möglichkeit, Erfahrungen in der Arbeitswelt zu sammeln 3. Erziehung zur Sauberkeit 4. Respekt vor Eigentum anderer 5. Umweltbewusstsein wird geweckt
D. Schluss:	Appell an Lehrer, Schüler zu umweltgerechtem Verhalten aufzufordern

▶ ***Lösung 110***
Bei meiner Freundin in der Schule wurde der Versuch gestartet, das Schüler ihre Schule selbst reinigen. Dazu habe ich heute auch einen Zeitungsbericht gelesen, in dem so eine Maßnahme von Politikern vorgeschlagen wurde. Ich möchte mich im Folgenden mit den Gründen für das Thema befassen. R

Ein Vorteil wäre, dass die Putzfrauen entlastet werden, weil sie mit ihrer Arbeit kaum fertig werden, weil so gut wie keiner auf Ordnung achtet. Die Schüler schmeißen z. B. ihr Kaugummiepapier oder Essenstüten anstatt in den Müll, einfach auf den Boden. A (ugs.), R Z

Ein zweiter Vorteil ist, dass man dadurch Geld spart, weil weniger Putzpersonal benötigt wird. Von diesen Geldern könnte man z. B. alte Schulbücher ersetzen oder neues Lernmaterial besorgen.

R, Z *Noch ein guter Grund ist, das die Schüler lernen was Ordnung heißt,*
weil sie es für ihr späteres Leben dringend benötigen. Normalerweise
ist das Sache der Eltern, ihr Kind richtig zu erziehen, doch manche
Z *Eltern versäumen es leider, oder sind selbst unordentlich. Wenn die*
R, Z, Z *Jugendlichen wissen, das sie allen Dreck den sie liegen lassen später*
wieder wegräumen müssen und das unnötig Zeit kostet, hinterlassen
sie ihre Arbeitsplätze gleich ordentlich.

Z, R *Der wichtigste Grund wäre das die Jugendlichen so mehr Respekt vor*
Z *Eigentum haben das ihnen nicht gehört und sie gehen damit sorg-*
fältiger um. Wenn sie anderes Eigentum beschädigen, verstoßen sie
R *auch gegen ein Grundrecht, das jeder Mensch hat, nähmlich Recht*
I)/Log *auf Eigentum.*

Z *Bei der Erläuterung des Themas, haben sich viele Gründe für diesen*
Z, R, Z *Vorschlag das Schüler ihre Schule putzen sollen ergeben. Mann kann*
also sagen, dass die Schüler ihren Dreck nicht überall herumliegen
& („sollten") *lassen sollten, sondern ihren Platz ordentlich hinterlassen. Jedoch*
sollte man die Schüler nicht regelmäßig ihre ganze Schule putzen
lassen, weil das zu viel Zeit beansprucht. Wenn aber Jugendliche es
A (ugs.) *für nötig halten z. B. ihren Tisch vollzukritzeln oder Papier im Klas-*
senzimmer herumzuwerfen, halte ich es für sinnvoll, dass sie es wie-
der sauber machen.

R, & *In Zukunft sollte man darauf achten, das bevor die Schüler das Klas-*
senzimmer verlassen es relativ ordentlich ist. Viele Jugendliche halten
das aber nicht für wichtig, deshalb sollten die Politiker ein Gesetz
erlassen, das die Jugendlichen dazu verpflichtet, die Klassenzimmer
ordentlich zu verlassen.

- Inhaltlich werden alle wesentlichen Gesichtspunkte genannt.

▶ ***Lösung 111***

Z *In der heutigen Zeit des Internets gibt es viele Informationen die man*
häufig umsonst haben kann. Doch welche Gründe gibt es, um vor-
sichtig mit dem Internet zu sein? Deshalb möchte ich mich im Fol-
A *genden mit den Gründen für die Vorsicht im Internet befassen.*

Da heutzutage jeder verdienen möchte, muss man auf den Inter-
netseiten aufpassen, dass wenn man ein Programm oder sonstige Se /
Informationen herunterlädt, man nicht die Einzugsermächtigung (Se)
ausfüllt und sie per Internet abschickt, weil jeder kommt an die Ein- Se
zugsermächtigung mit guten Computerkenntnissen heran. Da ich
auch mal zufällig über eine Einzugsermächtigung gestollpert bin, ist A, R
es eigentlich nicht allzu schwer an eine zu kommen. Z

Außerdem raten viele Zeitschriften ab, sich per Internet anzumelden A
oder jegliche Information mit vertrauten Daten abzuschicken. (vertraulichen)

Der zweite Grund sind die Viren im Internet, da es sehr viele Viren laut statistischen Erfragungen der Zeitschrift PC-Welt gibt, sollte man sich ein Programm zulegen, das den Download auf Viren überprüft und Z, Z
dann erst das Programm auf die Festplatte lässt.

Ein weiterer Grund sind die Telefonkosten, wenn man sich einen G
„Onlinemeter" zulegt, der die „Onlinezeit" überprüft und man die G, Z
Onlinekosten nicht überprüft, kann es einem passieren, wie einem Z
Freund von mir, dass man am Ende des Monats eine Telefonrech-
nung über 470.– bekommt. Doch vorallem ist der wichtigste Grund R
der Schutz vor Hackern, man sollte immer auf die Anzeige des Mo-
dems achten wenn die Internetseite aufgebaut ist, ob das Modem Z / St
weiterarbeitet oder nicht. Vorallemsollte man sich ein Schutzpro- R
gramm besorgen, dass einen Eingriff eines Hackers aus dem Internet auf die Festplatte verhindert.

Wenn das Modem arbeiten sollte, sollte man es sofort ausschalten, da sich sonst der Hacker einen Zugang auf die Festplatte verschafft und wichtige Informationen lesen oder sogar löschen kann.

dass man ... Sb
Deshalb bin ich der Meinung, wenn man alle Vorkehrungen trifft und
sich eine feste „Onlinezeit" bestimmt wie zum Beispiel eine Stunde Z
pro Tag, kann man problem- und sorgenlos Durchs Internet surfen R, Z

4. Dialektische Erörterung

▶ *Lösung 113*

1. Ich möchte nicht zur Bundeswehr, weil ich keine Lust habe, durch den Schlamm zu robben.
2. Ich bin gegen den Wehrdienst, weil ich keine Lust habe, den Umgang mit Waffen zu lernen.
3. Die Bundeswehr bietet Möglichkeiten zur Berufsausbildung bis hin zum Studium.
4. Frühes Aufstehen, die Männergesellschaft und keine Zeit für sich selbst zu haben, sprechen gegen die Bundeswehr.
5. Frauen bringen Leben hervor, aber töten es nicht und sollten deshalb nicht zur Bundeswehr.
6. Der Dienst bei der Armee ist ein qualifizierter Arbeitsplatz (wie andere auch).

▶ *Lösung 114*

Die Meinungen sind für (‚pro') oder gegen (‚contra') den Vorschlag.

▶ *Lösung 116*

Pro	Contra
• Gleichberechtigung	• keine Ausbildung zum Töten
• bessere Chancen am Arbeitsmarkt, Ausbildung	• Probleme mit getrennter Unterbringung in Kasernen
• Abenteuerlust	• ‚unweiblich'
• Geld	• Bundeswehr ist ein ‚Männerverein'
• große symbolische Bedeutung	• erst spätere Familiengründung möglich
• Körperertüchtigung	• gesundheitliche Risiken, geringere Belastungsfähigkeit
• Familiengründung nicht nur von Frauen abhängig	• schwächere Nerven

▶ *Lösung 117:*

Ist die Wehrpflicht für Frauen ein Beitrag zur Gleichberechtigung? Haben Frauen und Männer überall gleiche Rechte oder gibt es Ausnahmen?

Ist die Wehrpflicht für Frauen unter dem Gesichtspunkt der körperlichen Belastbarkeit und der möglichen Gesundheitsgefährdung überhaupt zu verantworten?
Steht eine Wehrpflicht für Frauen der Familiengründung entgegen?
Sollen Frauen wirklich wie Männer an der Waffe ausgebildet werden?
Welchen Einfluss wird es auf das Kasernenleben haben, wenn Männer und Frauen gemeinsam untergebracht werden müssen?
Können Frauen auch eine Laufbahn als Führungskraft absolvieren oder wird ihnen nur der untere Dienst vorbehalten sein?
Ist nicht die bisherige Lösung, dass Frauen sich an der Waffe ausbilden lassen können, besser als eine Wehrpflicht?

▶ *Lösung 120*

Es ist umstritten, ob die Wehrpflicht aufrecht erhalten werden soll, oder ob eine Armee aus Berufssoldaten eingeführt werden soll. – Im Moment gibt es eher zu viel als als zu wenig Soldaten – haben Frauen da überhaupt eine Chance?

▶ *Lösung 123*

1. Die seit dem Jahr 2002 bestehende Möglichkeit, sich freiwillig zum Dienst in der Bundeswehr auch über den Sanitäts- und Innendienst hinaus zu melden, wird von nur wenigen Frauen genutzt.
2. Verteidigungsexperten sehen einen Grund dafür darin, dass es keine Verpflichtung für Frauen zum Grundwehrdienst gibt.
3. Das wird von vielen Frauen als Vorteil und Privileg empfunden.
4. Als Konsequenz daraus setzen sich aber auch nur wenige Frauen mit der Möglichkeit auseinander, eine berufliche Laufbahn bei der Bundeswehr zu absolvieren.
5. Das bedeutet praktisch einen Ausschluss von einem wichtigen Zweig des gesellschaftlichen Lebens und der Möglichkeit, berufliche Ausbildung und soziales Ansehen zu gewinnen.
6. Daher stellt sich die Frage, ob die allgemeine Wehrpflicht auch auf Frauen ausgedehnt werden sollte.

▶ *Lösung 126*

1. Persönliches Beispiel: Wehrdienst des eigenen Sohnes.
   Damit wird das Persönliche und Aktuelle des Themas herausgestellt.
2. Überblick über das Thema.
   Zunächst einmal wird geklärt, worum es überhaupt geht.

3. Einstieg mit einem Zitat schafft den Eindruck von Echtheit, Authentizität.

▶ *Lösung 127*

Fakten	→	Sachlichkeit; der Leser weiß gleich, worum es geht;
aktuelles Ereignis	→	aktuelle Bedeutung des Themas wird deutlich;
Zitat	→	persönliche Betroffenheit und Aktualität werden deutlich;
deutliche Erklärung	→	Klarheit auch für weniger gut Informierte

▶ *Lösung 130*

Gleichberechtigung – körperliche Fähigkeit bzw. Belastbarkeit – Ausbildungs- und Berufsmöglichkeiten – Beruf wie andere qualifizierte Berufe auch – Familiengründung

▶ *Lösung 132*

Im Satz wird nicht nur der Grund genannt, sondern auch ein Beleg oder eine Unterstützung der eigenen Position.

▶ Übung 134

In der Reihenfolge These → Begründung → Beleg/‚Stütze':

- PRO-ARGUMENTE

- stärkt Selbstbewusstsein → Frauen fühlen sich Männern gegenüber oft unterlegen und wenig selbstbewusst → körperliches Training und Umgang mit trainierten Männern stärken das Selbstbewusstsein;
- bessere Ausbildungsmöglichkeiten → in vielen Berufen noch unterrepräsentiert → KFZ-Mechanikerinnern und Führungskräfte in der Wirtschaft;
- verbessert soziale Lage der Frauen → viele Frauen, v. a. allein stehende, sind finanziell schlechter gestellt → bei der Bundeswehr erhalten sie die Möglichkeit zu Einkommen und Unabhängigkeit;

- räumt mit Vorurteilen auf → oft werden Frauen, weil körperlich schwächer, für weniger intelligent gehalten → sie erwerben Anerkennung dadurch, dass sie ‚ihre Frau stehen'

- GEGENARGUMENTE

- Wehrdienst verhindert zeitige Familiengründung → Frauen über 35 gelten als ‚spät gebärend' → immer ältere Eltern haben einen schlechteren Kontakt zu ihren Kindern und den Jugendlichen;
- schadet der Gesundheit → Frauen sind der körperlichen Belastung nicht gewachsen → Tests haben geringere körperliche Belastbarkeit erwiesen;
- Wehrdienst ist Ausbildung zum Töten → die Ausbildung an der Waffe erfolgt für den Ernstfall → viele Soldaten müssen täglich Menschen töten;
- Wehrdienst von Frauen bringt das mitlitärische Leben durcheinander → getrennte Kasernenkomplexe werden notwendig → in der US-Armee entstehen durch die getrennte Unterbringung hohe Kosten

▶ ***Lösung 137***
Der Artikel beginnt mit dem wichtigsten Argument und fährt mit weniger wichtigen fort.

▶ ***Lösung 138***
Pro- und Contra-Argumente wechseln einander ab.

▶ ***Lösung 139***
3) soziales Ansehen
4) symbolische Bedeutung
5) Körperertüchtigung
6) stärkeres Selbstbewusstsein gegenüber Männern
...
3) keine Ausbildung zum Töten
4) Bundeswehr als ‚Männerverein'
5) Gesundheit, geringere Belastbarkeit

▶ ***Lösung 141***
Die Wehrpflicht ist ein Beitrag zur Gleichberechtigung von Frauen und Männern, *denn* heutzutage haben viele Frauen keine Chance in bestehenden Berufen. *Deshalb* könnte eine Ausbildung beim ‚Bund'

später Türen zur Arbeitsplätzen in KFZ-Werkstätten oder auch in die Führungsetagen der Wirtschaft öffnen.
Darüber hinaus steht der Dienst in der Bundeswehr nicht im Widerspruch zur Gründung einer Familie, weil die Familiengründung auch abhängig von den Männern ist. *In diesem Sinne* fallen Bundeswehr- und Ausbildungszeiten bei den Männern ebenso ins Gewicht.
Wenn man noch weiter überlegt, ist auch Abenteuerlust ein Grund dafür, die Wehrpflicht für Frauen einzuführen. Kann es nicht auch für Frauen reizvoll sein, das Leben in der Kaserne und im Manöver unter ‚extremen Bedingungen' kennen zu lernen, *wenn* Männer immer wieder so begeistert davon erzählen?

▶ Lösung 142

Höhere Strafen stärken das Bewusstsein dafür, dass es sich bei Umweltvergehen um echte Kriminalität handelt wie bei anderen Straftaten, etwa Gewalt- oder Raubdelikten, auch, *denn* oft werden umweltverschmutzende Handlungen als weniger schlimm angesehen. Wenn jemand z. B. alte Autoreifen in den Wald wirft, ist das für viele Menschen noch ein so genanntes ‚Kavaliersdelikt'.
Mindestens die gleiche Bedeutung wie dem Bewusstsein kommt der abschreckenden Wirkung zu. *Weil* die Strafen heute noch niedrig sind, haben einige keine Scheu davor, alles Mögliche in die Umwelt zu werfen, *aber wenn* die Entsorgung von Altöl im Abwasserkanal ins Gefängnis führen kann, werden sie den Weg zur nächsten Tankstelle gehen.
In die gleiche Richtung zielt das Argument, dass es dann endlich eine einheitliche Regelung gibt, *denn* ohne gesetzliche Regelung gibt es keine wirksame Verfolgung. Niemand kann sich mehr darauf berufen, dass der Freund ein paar hundert Kilometer weiter für dasselbe Vergehen nicht belangt worden sei.

▶ Lösung 143

1) zusammenfassende Bilanz der Argumente
2) Urteil und Ausblick auf die künftige Entwicklung

▶ Lösung 144

(abschließende persönliche Stellungnahme:) Für mich waren insgesamt die ‚Pro'-Argumente überzeugender. Wenn Frauen im Sport Spitzenpositionen einnehmen, Selbstverteidigungskurse mit viel Erfolg besuchen oder als Ingenieurinnen im technischen Bereich tätig

sind, sehe ich eigentlich keinen Grund, sie von der Wehrpflicht auszuschließen.

(sich auf die Thematik beziehender abschließender Wunsch oder Appell:) Wenn man die aufgeführten Argumente bedenkt, ergibt sich der Wunsch, dass im Sinne der Gleichberechtigung entweder Frauen und Männer eingezogen werden oder die Bundeswehr in eine Berufsarmee wie in den USA umgewandelt wird, womit der Wehrdienst für Frauen und Männer auf freiwillige Basis gestellt wird.

5. Das Referat

▶ *Lösung 145*

1) „Was ist genau mein Thema? Über was will ich genau informieren?“: verlangt eine genaue Definition der gestellten Aufgabe;
2) „Wie komme ich an Informationen?“: verlangt die Überprüfung der Frage, welche Quellen zur Verfügung stehen, die Auskunft über das zu behandelnde Problem geben könnten;
3) „Welchen Aufbau wähle ich für mein Referat?“: verlangt eine Klärung der Frage, in welcher Anordnung der aufbereitete Stoff dargeboten werden soll;
4) „Wer ist mein Publikum?“: verlangt eine Klärung der Frage, wie die Zuhörerschaft zusammengesetzt ist;
5) „Welche zusätzlichen Mittel setze ich ein?“: verlangt eine Analyse der zur Verfügung stehenden Mittel, die den Vortrag veranschaulichen können, dabei kommt auch die Vortragssituation zur Sprache;
6) „Wie soll ich meinen Vortrag halten?“: verlangt eine Bewusstmachung der Vortragsweise.

▶ *Lösung 146*

Vgl. Aufbau in Übung 145.

▶ *Lösung 147*

Welche Spiele kann man allein, welche zu zweit oder zu mehreren spielen?
Welche typischen Merkmale besitzt ein Computerspieler?
Welche positiven Folgen kann Computerspielen haben?

▶ *Lösung 148*

Definition von Computerspielen und Überblick über Spielarten

Was versteht man unter Computerspielen? Welche Computerspiele gibt es? Welche Spiele kann man allein, welche zu zweit oder zu mehreren spielen?

Gründe für das Spielen mit dem Computer

Warum wird gespielt? Was macht die Anziehungskraft aus?

Computerspieler

Wer spielt? Wie lange ist die durchschnittliche Spieldauer? Welche typischen Merkmale besitzt ein Computerspieler?

Folgen des Spielens

Welche Folgen kann häufiges Computerspielen haben? Welchen Schaden können sie anrichten? Welche Gefahren sind mit Computerspielen verbunden? Welche positiven Folgen kann Computerspielen haben?

▶ *Lösung 149*

Signatur	Ybh	
Kürzel, Autor	Baum	Baumann, Rüdeger:
Titel		Computerspiele und Knobe-
Titel		leien programmiert in
Titel.– Auflage		BASIC. – 3. Aufl.
Verlagsort: Verlag,		Würzburg: Vogel, 1983. – 304 S.:
Erscheinungsjahr. – S.-Zahl		
Illustrationen, Bilder. –		Ill. graf. Darst. – (Chip-
(Reihentitel)		Wissen: Applikation)
Preis		30.–

▶ *Lösung 150*

INTERNET: Vorteil: sehr viele und aktuelle Informationen, Nachteil: teuer, unübersichtlich

UMFRAGE: Vorteil: aktuelle Informationen, Nachteil: arbeitsaufwändig

FERNSEHEN: Vorteil: aktuelle und billige Information, Nachteil: nur als Videomaterial einsetzbar

ZEITUNGEN: Vorteil: aktuelle und billige Information, Nachteil: Suche nach passenden Artikeln zeitaufwändig

BROSCHÜREN: Vorteil: Informationen zu einem bestimmten Thema, Nachteil: evtl. teuer, Bezugsquellen vielleicht unbekannt

KATALOGE VON SPIELEHERSTELLERN: Vorteil: guter Überblick über alle Spiele, Nachteil: keine umfassende Information über Problematik.

▶ Lösung 151

Klaus Bleck Heidelberg, 29.11.03
Schröderstraße 3
69120 Heidelberg

An die
Aktion Jugendschutz
Stafflenbergstraße 44
70184 Stuttgart

Informationsmaterial über Computerspiele

Sehr geehrte Damen und Herren,

ich habe vor, in meiner Klasse ein Referat über Computerspiele zu halten. Bitte schicken Sie mir Informationsmaterial zu diesem Thema.

Mit freundlichen Grüßen

Klaus Bleck

▶ Lösung 152 u. 153

VORTEILE VON COMPUTERSPIELEN:

- Aneignung von Fähigkeiten, die man vielleicht im Berufsleben braucht
- hoher Unterhaltungswert
- motiviert zum Lernen
- Entfaltung des kreativen Potenzials

GEFAHREN VON COMPUTERSPIELEN:

- Computersucht
- Anstrengung
- Vereinsamung
- Vergessen der Realität
- Fehlen realer Erfahrungen
- Vernachlässigung anderer Denkmöglichkeiten

- Gewalt als selbstverständliches Mittel
- Verstärkung von Vorurteilen
- Kriegsverharmlosung
- Sexismus
- keine Erholung
- Strafbarkeit, z. B. durch Raubkopien oder „Hacken"

▶ *Lösung 154*

Tetris und Solitär, also wenig speicheraufwändige Spiele, die schnell und ohne großen Aufwand zu spielen sind, werden von 45 Personen, also rund 25 % der Befragten, benutzt. Das Abenteuerspiel Doom, eines der bekanntesten der letzten Jahre, wird immerhin von 15 Spielern gespielt. Nur 9 Spieler beschäftigen sich mit dem Nintendo-Spiel Super Mario, für das kein PC benötigt wird. Das zeitaufwändige C&C haben noch 7 Spieler auf ihrem PC, während der Rest sich auf diverse Sport-, Abenteuer- und Strategiespiele verteilt.

▶ *Lösung 155*

Überraschend könnte sein, dass das einfache Windows-Spiel Solitär einen so hohen Beliebtheitsgrad hat. Auch Tetris ist eher ein Einsteigerspiel, das die modernen Möglichkeiten des Spielcomputers, wie z. B. dreidimensionale Grafik und hohe Spielgeschwindigkeiten, nicht nutzt. Nicht verwunderlich ist dagegen, dass zeitintensive Spiele wie C&C nur von wenigen gespielt werden.

▶ *Lösung 156*

Bücher, Cyberhelm, Nintendo-Spielkonsolen, Joystick und Computer zur Vorführung der Spiele, Plakate, Videogerät
Er könnte auch einen Computerspieler selbst zu Wort kommen lassen.

▶ *Lösung 157*

Eine Zielgruppe wären wohl auch Eltern und alle diejenigen, die Interesse an dem Thema haben und über kein Expertenwissen verfügen. Ein Vortrag vor Experten (Mitarbeiter von Computerfirmen) sollte wortwörtlich ausgearbeitet sein und auch so vorgetragen werden, damit man der Informationsfülle gerecht wird. Das heißt nun nicht, dass das Referat einfach heruntergelesen werden sollte. Langsames, akzentuiertes Sprechen und manchmal auch freies Formulieren erhöhen auch in diesem Fall die Aufmerksamkeit der Zuhörer. Als Präsentationsmittel wären in diesem Falle zahlreiche Folien und der Computer selbst einzusetzen.

▶ *Lösung 158*
Punkte, die mit dem Inhalt nicht direkt zu tun haben, die man aber nicht vergessen sollte; Hinweise auf den Einsatz der Präsentationsmittel

▶ *Lösung 159*
VORTEILE: exakte Angaben
NACHTEILE: Vielzahl der Information bewirkt Unübersichtlichkeit

▶ *Lösung 160*
männlich:

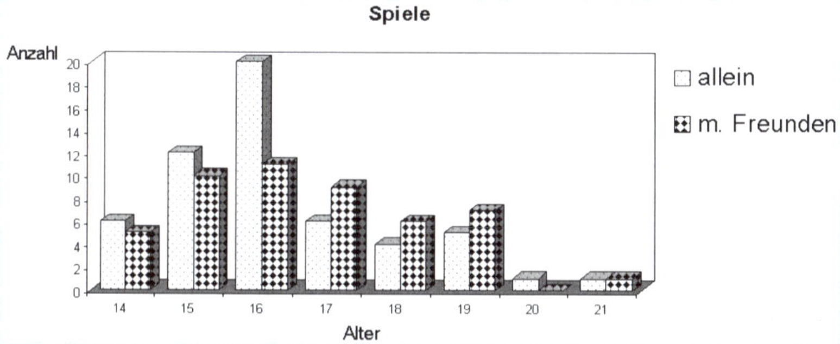

weiblich:

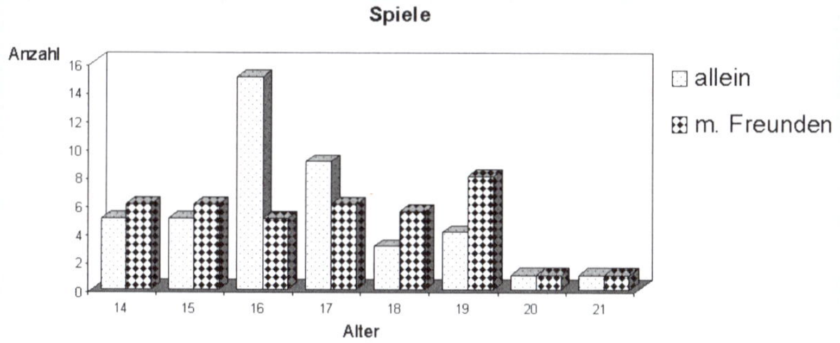

▶ ***Lösung 161***

Altersabhängigkeit:

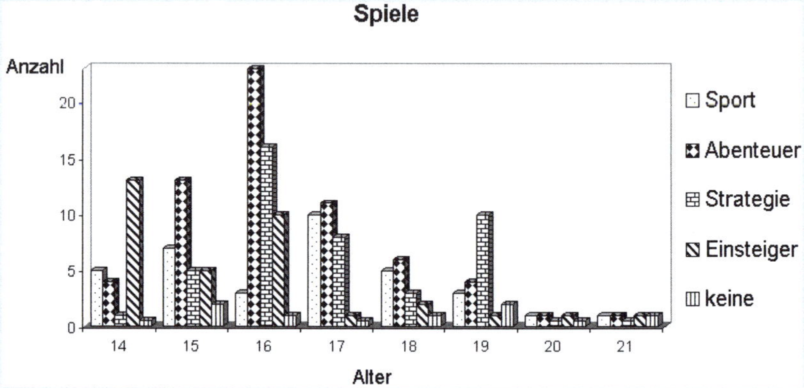

Die Tabelle gibt Auskunft darüber, in welchem Alter bestimmte Spielarten bevorzugt werden und welche Geschlechtsverteilung sich auf die unterschiedlichen Arten ergibt.

Die Tabelle gibt keine Auskunft darüber, ob die Altersverteilung generell gültig ist (Umfrage wurde nur in der Schule durchgeführt) und ob auf einer bestimmten Altersstufe mehr Jungen oder mehr Mädchen ein bestimmtes Spiel spielen.

Geschlechtsabhängigkeit:

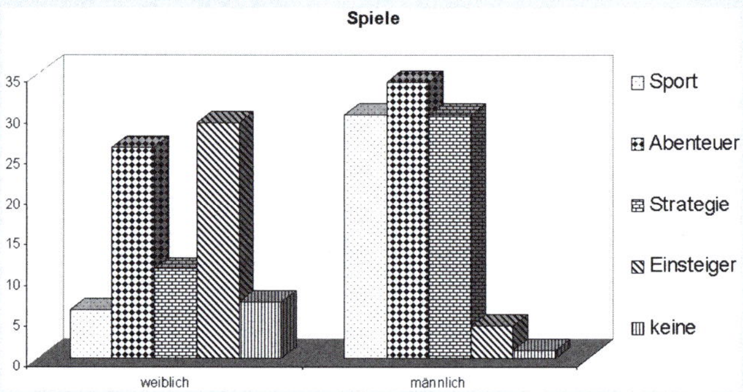

► ***Lösung 162***

Thesenpapier zum Referat „Computerspiele"

1. Teil: Welche verschiedenen Spiele gibt es?

Man unterscheidet: „Einsteigerspiele", wie z. B. Solitär und Skat (Kartenspiele), Pinball (Flipperspiel) oder Schach; „Strategiespiele", wie z. B. Sim City (Planung und Aufbau einer Stadt); Abenteuer- und Kampfspiele, wie z. B. Doom, Quake, Duke Nukem (auch „Ballerspiele" genannt, weil es letztlich darum geht, den Kampf mit den Gestalten, denen man begegnet, zu gewinnen); „Sportspiele", wie z. B. Ran, NHL, Winter Games (Simulation von Wettkämpfen).
Die fünf beliebtesten Spiele unserer Schule sind laut einer von mir durchgeführten Umfrage: Tetris und Solitär (Einsteigerspiele), Doom (Abenteuerspiel), Soccer (Sportspiel), Snake und Super Mario (Abenteuerspiel). Vgl. Folie.

2. Teil: Wer spielt wie lange und mit wem?

Es gab in der Umfrage unterschiedliche Angaben zur Spieldauer, manche spielen überhaupt nicht, einer spielt immerhin 36 Stunden pro Woche. Durchschnittlich wird 2 Stunden gespielt. Vor allem männliche Jugendliche zwischen 14 und 16 spielen vorwiegend allein, bei weiblichen Jugendlichen setzt sich das Alleinespielen erst im 15. und 16. Lebensjahr durch. Mit zunehmendem Alter spielen Jungen und Mädchen eher mit Freunden als allein.

3. Teil: Welche Folgen hat häufiges Computerspielen?

Man kann positive und negative Folgen festhalten.
POSITIVE FOLGEN SIND:

- man lernt den Umgang mit dem PC, dies kann man später vielleicht beruflich brauchen,
- man kann am PC seine Kreativität entfalten,
- Spiele können auch motivieren, sich mit dem PC zu beschäftigen; auch als Belohnung, wenn man gearbeitet hat,
- das Spielen am PC hat einen hohen Unterhaltungswert.

NEGATIVE FOLGEN SIND:

- das Alleinespielen kann zur Vereinsamung führen, Abbruch sozialer Kontakte,

- man kann irgendwann nicht mehr Spiel und Wirklichkeit auseinander halten, vielleicht hält man die Anforderungen der Realität dann nicht mehr aus und flieht wieder in das Spiel,
- die zum Einsatz kommende Gewalt kann die eigene Hemmschwelle herabsetzen,
- man ermüdet leichter,
- man kann abhängig vom Spielen werden.

FAZIT: Computerspiele sind eine sinnvolle Bereicherung des Lebens, man muss den Umgang mit ihnen aber so gestalten, dass sie nützen und nicht abhängig machen.

▶ *Lösung 163*

Bei einem Thema, das sehr viele Gesichtspunkte umfasst, sollte auf jeden Fall ein Thesenpapier eingesetzt werden. Unabhängig davon ist jeder Zuhörer froh darüber, wenn die wichtigsten Punkte eines Vortrages in schriftlicher Form vor ihm liegen; anhand des Vortrages ergänzt er Stichpunkte mit den mündlichen Ausführungen und erhöht somit den Informationswert. Daher sollte ein Thesenpapier zur Grundausstattung eines jeden Referates gehören!

▶ *Lösung 164*

Stimme heben, abwechslungsreich, Zuhörern Pausen zum Nachdenken über das Gehörte gönnen, Pausen machen, in normaler Sprechgeschwindigkeit formulieren, Zwischenfragen zulassen, Blickkontakt mit den Zuhörern suchen, immer mit einer freundlichen, ruhigen Stimme sprechen

▶ *Lösung 165*

immer auf den Lehrer schauen, viele Exkurse, monotone Stimme, eintöniger Vortrag, möglichst brüllen, damit alle den Vortrag hören und dabei nicht einschlafen, immer auf die Uhr schauen, viele Fremdworte benutzen, Wort für Wort ablesen, möglichst schnell, d. h. Zeit sparend, vorlesen, keine Pausen machen, langatmig, möglichst viele Folien auflegen

▶ *Lösung 166*

keine klare Gliederung, keine Präsentationsmittel, viele Informationen nur vorgelesen, kein Thesenpapier, persönliche Wertungen an unpassender Stelle („Ich finde, dass man sie wirklich sofort abschaffen sollte."), die vom eigentlichen Thema ablenken.

6. Die Charakteristik

▶ ***Lösung 167:***
Die Charakterisierung beschreibt das Wesen einer literarischen Figur.

▶ ***Lösung 168:***
Die Wesensbeschreibung kann entweder aufgrund von Angaben erfolgen, die andere Figuren machen (direkte Charakterisierung) oder aufgrund von Folgerungen, die der Beschreiber aufgrund des Verhaltens der Figur zieht (indirekte Charakterisierung).

▶ ***Lösung 169:***

Der Patriarch, welcher mit allem geistlichen Pomp den einen Kreuzgang heraufkömmt, und die Vorigen. TEMPELHERR. Ich wich' ihm lieber aus. – Wär' nicht mein Mann! – Ein dicker, roter, freundlicher Prälat! Und welcher Prunk! KLOSTERBRUDER. Ihr solltet ihn erst sehn Nach Hofe sich erheben. Itzo kömmt Er nur von einem Kranken. TEMPELHERR. Wie sich da Nicht Saladin wird schämen müssen! PATRIARCH. *(indem er näher kömmt, winkt dem Bruder).* Hier! – Das ist ja wohl der Tempelherr. Was will Er? KLOSTERBRUDER. Weiß nicht.	Direkte Charakterisierung: Patriarch als prunkliebender Mann. Indirekte Charakterisierung: Vermutung, dass Patriarch eher an Äußerlichem orientiert ist.

▶ ***Lösung 170:***
z. B. Verhaltensweisen/Handlungen, Inhalt und Art des Sprechens, Kleidung, Aussehen, Gedanken

▶ ***Lösung 171:***

Aspekt	**Merkmale**
1. äußere Erscheinung	*Geschlecht, Alter, Körperbau, Aussehen, Kleidung*
2. soziale Situation	*Beruf, gesellschaftliche Stellung, soziale Beziehungen*
3. äußeres Verhalten	*Eigenarten, Gewohnheiten, Verhaltens- und Handlungsweisen, Sprache und Sprechweise*
4. psychisches Verhalten	*Interessen, Gefühle, Denkweisen, Einstellungen, Triebrichtungen, Problemorientierungen*
5. gesellschaftliche Bedingtheit und ihre Wirkung	*gesellschaftliche Gründe für Verhalten*
6. emotionale und soziale Beziehungen	*Art des Umgangs der Personen miteinander*

▶ ***Lösung 172:***

Aspekt	**Fragestellungen**
1. äußere Erscheinung	*Was erfährt der Leser über die körperlichen Merkmale einer Figur (Geschlecht, Alter, Körperbau, Glieder, Hände, Gesicht, Augen)? Wodurch ist das äußere Erscheinungsbild bestimmt (Kleidung, Frisur, Schmuck, Accessoires)?*
2. soziale Situation	*Welches Verhalten zeigt sich anderen Personen gegenüber (Verwandte, Freunde, Untergebene)?*
3. äußeres Verhalten	*Wodurch ist die Sprache gekennzeichnet (Wortwahl, Satzbau, Sprachebene, Eigentümlichkeiten)? Welche typischen Ausdrucksmerkmale fallen besonders ins Auge (Gang, Gestik, Mimik, Stimme)? Welche besonders typischen Eigenschaften werden von einem außenstehenden Beobachter oder von der Gestalt selbst genannt (direkte Charakterisierung als Fremdcharakteristik bzw. Selbstcharakteristik)?*
4. psychisches Verhalten	*Welche besonders typischen Eigenschaften werden von einem außenstehenden Beobachter oder von der Gestalt selbst genannt (direkte Charakterisierung als Fremdcharakteristik bzw. Selbstcharakteristik)?*
5. gesellschaftliche Bedingtheit und ihre Wirkung	*Wie lässt sich die Herkunft der charakteristischen Merkmale und Verhaltensweisen deuten (Vererbung, Erziehung, soziale Einflüsse, Schicksalsschläge)?*
6. emotionale und soziale Beziehungen	*Wie wirkt die Figur auf ihre Umwelt? Welches Verhalten zeigt sich anderen Personen gegenüber (Verwandte, Freunde, Untergebene)?*

▶Lösung 173:

Der Patriarch, welcher mit allem geistlichen Pomp den einen
Kreuzgang heraufkömmt, und die Vorigen. **1,2,3**
TEMPELHERR.
Ich wich' ihm lieber aus. – Wär' nicht mein Mann! –
Ein dicker, roter, freundlicher Prälat!
Und welcher Prunk!
KLOSTERBRUDER. Ihr solltet ihn erst sehn **2**
Nach Hofe sich erheben. Itzo kömmt
Er nur von einem Kranken. **3**
TEMPELHERR. Wie sich da
Nicht Saladin wird schämen müssen!
PATRIARCH. *(indem er näher kömmt, winkt dem Bruder).*
Hier! –
Das ist ja wohl der Tempelherr. Was will
Er?
KLOSTERBRUDER. Weiß nicht. **3**
PATRIARCH *(auf ihn zugehend, indem der Bruder und*
das Gefolge zurücktreten).
Nun, Herr Ritter! – Sehr erfreut,
Den braven jungen Mann zu sehn! – Ei, noch
So gar jung! – Nun, mit Gottes Hilfe, daraus
Kann etwas werden.
TEMPELHERR. Mehr, ehrwürd'ger Herr, **3**
Wohl schwerlich, als schon ist. Und eher noch,
Was weniger.
PATRIARCH. Ich wünsche wenigstens,
Dass so ein frommer Ritter lange noch
Der lieben Christenheit, der Sache Gottes
Zu Ehr' und Frommen blühn und grünen möge!
Das wird denn auch nicht fehlen, wenn nur fein **4**
Die junge Tapferkeit dem reifen Rate
Des Alters folgen will! – Womit wär' sonst
Dem Herrn zu dienen?
TEMPELHERR. Mit dem nämlichen,
Woran es meiner Jugend fehlt: mit Rat.
PATRIARCH. Recht gern! – Nur ist der Rat auch anzunehmen.
TEMPELHERR. Doch blindlings nicht?
PATRIARCH. Wer sagt denn das? – Ei freilich
Muss niemand die Vernunft, die Gott ihm gab,

Zu brauchen unterlassen, – wo sie hin-
Gehört. – Gehört sie aber überall
Denn hin? – O nein! – Zum Beispiel: wenn uns Gott **4,5**
Durch einen seiner Engel, – ist zu sagen,
Durch einen Diener seines Worts, – ein Mittel
Bekannt zu machen würdiget, das Wohl
Der ganzen Christenheit, das Heil der Kirche,
Auf irgendeine ganz besondre Weise
Zu fördern, zu befestigen: wer darf
Sich da noch unterstehn, die Willkür des,
Der die Vernunft erschaffen, nach Vernunft
Zu untersuchen? und das ewige
Gesetz der Herrlichkeit des Himmels, nach
Den kleinen Regeln einer eiteln Ehre
Zu prüfen? – Doch hiervon genug. – Was ist
Es denn, worüber unsern Rat für itzt
Der Herr verlangt?
TEMPELHERR. Gesetzt, ehrwürd'ger Vater,
Ein Jude hätt' ein einzig Kind, – es sei
Ein Mädchen, – das er mit der größten Sorgfalt
Zu allem Guten auferzogen, das
Er liebe mehr als seine Seele, das
Ihn wieder mit der frömmsten Liebe liebe.
Und nun würd' unsereinem hinterbracht,
Dies Mädchen sei des Juden Tochter nicht;
Er hab' es in der Kindheit aufgelesen,
Gekauft, gestohlen, – was Ihr wollt; man wisse,
Das Mädchen sei ein Christenkind, und sei
Getauft; der Jude hab' es nur als Jüdin
Erzogen; lass' es nur als Jüdin und
Als seine Tochter so verharren: – sagt,
Ehrwürd'ger Vater, was wär' hierbei wohl
Zu tun?
PATRIARCH. Mich schaudert! Doch zu allererst
Erkläre sich der Herr, ob so ein Fall
Ein Faktum oder eine Hypothes'.
Das ist zu sagen: ob der Herr sich das
Nur bloß so dichtet, oder ob's geschehn,
Und fortfährt zu geschehn.
TEMPELHERR. Ich glaubte, das
Sei eins, um Euer Hochehrwürden Meinung

Bloß zu vernehmen. **4**
PATRIARCH. Eins? – Da seh' der Herr
Wie sich die stolze menschliche Vernunft
Im Geistlichen doch irren kann – Mitnichten!
Denn ist der vorgetragne Fall nur so
Ein Spiel des Witzes: so verlohnt es sich
Der Mühe nicht, im Ernst ihn durchzudenken.
Ich will den Herrn damit auf das Theater
Verwiesen haben, wo dergleichen pro
Et contra sich mit vielem Beifall könnte **4,5**
Behandeln lassen. – Hat der Herr mich aber
Nicht bloß mit einer theatral'schen Schnurre
Zum Besten; ist der Fall ein Faktum; hätt'
Er sich wohl gar in unsrer Diözes',
In unsrer lieben Stadt Jerusalem
Ereignet: – ja alsdann –
TEMPELHERR. Und was alsdann?
PATRIARCH. Dann wäre an dem Juden fördersamst
Die Strafe zu vollziehn, die päpstliches
Und kaiserliches Recht so einem Frevel,
So einer Lastertat bestimmen.
TEMPELHERR. So?
PATRIARCH. Und zwar bestimmen obbesagte Rechte
Dem Juden, welcher einen Christen zur
Apostasie verführt, – den Scheiterhaufen, –
Den Holzstoß –
TEMPELHERR. So?
PATRIARCH. Und wie viel mehr dem Juden, **4,5**
Der mit Gewalt ein armes Christenkind
Dem Bunde seiner Tauf' entreißt! Denn ist
Nicht alles, was man Kindern tut, Gewalt? –
Zu sagen: – ausgenommen, was die Kirch'
An Kindern tut.
TEMPELHERR. Wenn aber nun das Kind, **4**
Erbarmte seiner sich der Jude nicht,
Vielleicht im Elend umgekommen wäre?
PATRIARCH. Tut nichts! der Jude wird verbrannt! – Denn besser,
Es wäre hier im Elend umgekommen,
Als dass zu seinem ewigen Verderben **4,5**
Es so gerettet ward. – Zudem, was hat
Der Jude Gott denn vorzugreifen? Gott

Kann, wen er retten will, schon ohn' ihn retten.
TEMPELHERR. Auch trotz ihm sollt' ich meinen, – selig machen.
PATRIARCH. Tut nichts! der Jude wird verbrannt.
TEMPELHERR. Das geht
Mir nah'! Besonders, da man sagt, er habe
Das Mädchen nicht sowohl in seinem, als
Vielmehr in keinem Glauben auferzogen,
Und sie von Gott nicht mehr nicht weniger **4,5**
Gelehrt, als der Vernunft genügt.
PATRIARCH. Tut nichts!
Der Jude wird verbrannt . . . Ja, wär' allein
Schon dieserwegen wert, dreimal verbrannt
Zu werden! – Was? ein Kind ohn' allen Glauben
Erwachsen lassen? – Wie? die große Pflicht,
Zu glauben, ganz und gar ein Kind nicht lehren?
Das ist zu arg! Mich wundert sehr, Herr Ritter,
Euch selbst . . .
TEMPELHERR. Ehrwürd'ger Herr, das Übrige, **4**
Wenn Gott will, in der Beichte. (*Will gehn.*)
PATRIARCH. Was? mir nun
Nicht einmal Rede stehn? – Den Bösewicht,
Den Juden mir nicht nennen? – mir ihn nicht
Zur Stelle schaffen? – O da weiß ich Rat!
Ich geh sogleich zum Sultan. – Saladin, **4**
Vermöge der Kapitulation,
Die er beschworen, muss uns, muss uns schützen;
Bei allen Rechten, allen Lehren schützen,
Die wir zu unsrer allerheiligsten
Religion nur immer rechnen dürfen!
Gottlob! wir haben das Original.
Wir haben seine Hand, sein Siegel. Wir! –
Auch mach ich ihm gar leicht begreiflich, wie
Gefährlich selber für den Staat es ist,
Nichts glauben! Alle bürgerliche Bande
Sind aufgelöset, sind zerrissen, wenn
Der Mensch nichts glauben darf. – Hinweg! hinweg **4,5,6**
Mit solchem Frevel! . . .
TEMPELHERR. Schade, dass ich nicht
Den trefflichen Sermon mit bessrer Muße
Genießen kann! Ich bin zum Saladin
Gerufen.

PATRIARCH. Ja? – Nun so – Nun freilich – Dann –
TEMPELHERR. Ich will den Sultan vorbereiten, wenn
Es Eurer Hochehrwürden so gefällt.
PATRIARCH. Oh, oh! – Ich weiß, der Herr hat Gnade funden **4**
Vor Saladin! – Ich bitte meiner nur
Im Besten bei ihm eingedenk zu sein. –
Mich treibt der Eifer Gottes lediglich.
Was ich zu viel tu, tu ich ihm. – Das wolle
Doch ja der Herr erwägen! – Und nicht wahr,
Herr Ritter? das vorhin Erwähnte von
Dem Juden, war nur ein Problema? – ist
Zu sagen –
TEMPELHERR. Ein Problema. (*Geht ab.*)
PATRIARCH. (Dem ich tiefer
Doch auf den Grund zu kommen suchen muss.
Das wär' so wiederum ein Auftrag für
Den Bruder Bonafides.) – Hier, mein Sohn! **6**
(*Er spricht im Abgehn mit dem Klosterbruder*.)

▶ ***Lösung 174:***

In Lessings Drama „Nathan der Weise" geht es um die Gedanken von Humanität und religiöser Toleranz. Der positiven Identifikationsfigur, dem aufgeklärten Nathan, ist der Patriarch strukturell als Antipode gegenübergestellt.
Der Patriarch, der Bischof von Jerusalem, tritt nur an einer Stelle des Dramas auf, nämlich in IV, 2, seine Pläne führen allerdings zu zwei Auftritten des von ihm geschickten Klosterbruders in I, 5 und IV, 7.
Er wird als prunkliebender (vgl. z. B. V. 2456), machtbewusster (vgl. z. B. V. 671) und autoritärer (vgl. z. B. V. 2531–2534) Kirchenpolitiker eingeführt. ~~Das Ziel des Patriarchen ist es, die Pläne Saladins, die auf eine Verlängerung des Waffenstillstandes und einen Friedensschluss abzielen, zu unterlaufen.~~
Das Gespräch mit dem Tempelherrn gibt näheren Aufschluss über seinen Charakter: So behauptet er die Unfehlbarkeit der bischöflichen Aussagen (vgl. V. 2480 ff.), die nicht mit Hilfe der Vernunft bewertet werden dürfen (vgl. V. 2487–2490). Die humane Handlung eines Juden, ein christliches Waisenkind aufzuziehen, wird von ihm ohne Einschränkung als „Apostasie" (V. 2537) bezeichnet, für die der Jude hinzurichten sei. Als der Tempelherr den Namen des Juden nicht preisgeben will, droht der Patriarch mit der weltlichen Macht des Saladin und gibt schließlich klein bei, als ihm der Tempelherr vom

bevorstehenden Besuch beim Sultan erzählt. Nach dem Abgang des Tempelherrn beauftragt er den Klosterbruder damit, den Namen des besagten Juden in Erfahrung zu bringen.

Der Patriarch ist diejenige Figur, der alle Abneigung der Leser bzw. der Zuschauer gilt. Sein Amt als christlicher Bischof missbraucht er als Machtinstrument, von tiefer religiöser Durchdringung im Lichte christlicher Nächstenliebe ist bei ihm nichts zu spüren.

Der Patriarch ist diejenige Figur, der alle Abneigung der Leser bzw. der Zuschauer gilt. Sein Amt als christlicher Bischof missbraucht er als Machtinstrument, von tiefer religiöser Durchdringung im Lichte christlicher Nächstenliebe ist bei ihm nichts zu spüren. *Dass es Lessing grundsätzlich um die Anprangerung von religiöser Intoleranz geht, beweist der Verzicht auf einen konkreten Namen, den der Bischof trägt.*

▶ ***Lösung 175:***

Aspekt	**Merkmale**
1. äußere Erscheinung	genaue Bezeichnung von Name, Alter und Beruf, äußerliche Erscheinung nur vage beschrieben (Hinweis auf kleine Statur in Z. 27 f. und Z. 49), historische Persönlichkeit
2. soziale Situation	hohes Ansehen in der Bevölkerung, die zu seinen Ehren umfangreiche Geburtstagsfeierlichkeiten abhält
3. äußeres Verhalten	altersbedingte Einschränkungen wie Gicht (vgl. Z. 25), mangelndes Interesse an Sexualität (vgl. Z. 24), Zittern (vgl. Z. 94)
4. psychisches Verhalten	Hang zu Vorurteilen (vgl. die Ablehnung des Obers aufgrund historischer Pauschalisierung in Z. 35–41) Hang zur Melancholie (vgl. Z. 30 u. ö.), Vereinsamung, und Neigung zu starkem Alkoholkonsum.
5. gesellschaftliche Bedingtheit und ihre Wirkung	Widerspruch zwischen der Abneigung, öffentlich gefeiert zu werden und der Entrüstung über die mangelnde öffentliche Anerkennung seines Werkes (durch den Kellner)
6. emotionale und soziale Beziehungen	misanthropische und menschenscheue Züge: Keller versucht den offiziellen Feierlichkeiten zu entkommen, indem er sich unter falschem Namen in einem Hotel einquartiert; fühlt sich als Außenseiter. Das Gespräch mit dem Ober ist ihm unangenehm (vgl. Z. 34–41). Durch die kritischen Äußerungen des Obers fühlt sich Keller verletzt, auch wenn er sonst öffentliche Ehrungen vermeiden will.

▶ ***Lösung 176:***

Der zeitgenössische Schweizer Autor Thomas Hürlimann wählt in dem vorliegenden ersten Kapitel seiner Novelle *Dämmerschoppen* mit Gottfried Keller einen Künstler zur Hauptfigur, der sich selbst in der Romantik als Verfasser bedeutender Novellen einen Namen gemacht hat; Beispiele für Kellers novellistische Werke sind etwa *Die Leute von Seldwyla* (1856 und 1874) und *Züricher Novellen* (1878).

Im vorliegenden Text sitzt der bekannte Dichter Gottfried Keller am Vorabend seines 70. Geburtstages auf der Terrasse des Hotels „Sonnenberg" am Seelisberg. Er genießt hohes Ansehen in der Bevölkerung, die zu seinen Ehren umfangreiche Geburtstagsfeierlichkeiten abhält; dennoch ist er froh darüber, den offiziellen Geburtstagsvorbereitungen entkommen zu sein, und er genießt allein eine Flasche Gumpoldskirchner. Dies ist ein Hinweis auf seinen menschenscheuen, wenn nicht sogar misanthropischen Charakterzug.

Seine äußere Erscheinung wird trotz der Nennung von Name, Alter und Beruf nur vage beschrieben (Hinweis auf kleine Statur in Z. 27 f. und Z. 49), es handelt sich um eine historische Persönlichkeit.

Der Gruß zweier Mädchen ist der Anlass für weitere Reflexionen Kellers: Zunächst ist er glücklich darüber, dass er kein sexuelles Verlangen (vgl. Z. 24) mehr hat. Dann entschließt er sich dazu, noch sitzen zu bleiben, da er Angst vor der Schwermut hat, die ihn beim Alleinsein zuweilen befällt. Weitere altersbedingte Einschränkungen wie die Gicht (vgl. Z. 25) und das Zittern (vgl. Z. 94) kennzeichnen seine äußere Erscheinung. Einen weiteren Hinweis auf seine psychische Situation, nämlich seinen Hang zu Vorurteilen, erhält man, wenn man Kellers Umgang mit dem Ober betrachtet: Er vermutet, dass der ihm einschenkende Ober, den er als Innerschweizer identifiziert, ein Gespräch mit ihm beginnen will; mit einem historischen Rückblick und dem Verweis auf die Käuflichkeit der einst stolzen Bauern der Innerschweiz macht er seine Aversion gegenüber dem Ober verständlich.

Während der Ober von der Terrassenbrüstung aus auf den See blickt, wird es langsam dunkel. Keller denkt darüber nach, dass er, obgleich bereits ein Greis, dennoch nicht enttäuscht sei. Er ist froh darüber, dass die Schwermut ihn nur kurz gestreift, nicht aber von ihm Besitz ergriffen habe. Die häufige Verwendung des Begriffs „Schwermut" lässt die Vermutung zu, dass Kellers Persönlichkeit grundsätzlich von hohen depressiven Anteilen (vgl. Z. 30 u. ö.) bestimmt wird, die darüber hinaus an Vereinsamung leidet und eine Neigung zu starkem Alkoholkonsum offenbart.

Widerspruchvoll wird seine Persönlichkeitsstruktur schließlich, als er sich über die Äußerungen des Obers entrüstet, der gesteht, von dem gefeierten Jubilar wenig zu halten, weil er dessen Werke für altmodisch erachte. Auf der anderen Seite ist es gerade seine Abneigung, öffentlich gefeiert zu werden, die ihn in das Lokal gebracht hat.

▶ ***Lösung 177:***

- wenige Angaben über sein Äußeres („langbeinig", vgl. Z. 31), keine historisch bestimmbare Person, möglicherweise erfunden
- gesprächsfreudig (vgl. Z. 31 ff.), dienstbeflissen (vgl. Z. 31), aber auch aufdringlich (vgl. Z. 104 f.)
- informiert, teilt aber auch offen seine Meinung mit, ohne auf die des Gastes Rücksicht zu nehmen, wirkt dadurch vorlaut und anmaßend.

7. Bewerbung und Lebenslauf

▶ ***Lösung 178:***

z. B.: Bewerbung unter Zeitdruck / zu späte Bewerbung / nicht mit PC geschrieben / unsauber / unvollständig / nicht alle notwendigen Unterlagen / keine plausible Begründung für Bewerbungsinteresse

▶ ***Lösung 179:***

Vgl. Lösung 180.

▶ *Lösung 180:*

Tabellarischer Lebenslauf

Erich Kästner Hauptstr. 104 10178 Berlin	
Erich Kästner Hauptstr. 104 10178 Berlin	
Persönliche Daten	
Name:	Erich Kästner
Anschrift:	Hauptstr. 104, 10178 Berlin
Geburtsdatum:	23. Februar 1899
Geburtsort:	Dresden
Eltern:	Emil Richard Kästner (Sattlermeister und Fabrikarbeiter), Ida, geb. Augustin (Näherin und Friseurin)
Geschwister:	keine
Staatsangehörigkeit:	Deutscher
Schulischer Werdegang	1906–1913: Volksschule in Dresden 1913–1918: Freiherrlich-von-Fletscher'sches Lehrer-Seminar in Dresden 1919: Abitur am König-Georg-Gymnasium in Dresden
Studium	1919–1925: Studium der Fächer Germanistik, Philosophie, Geschichte und Theatergeschichte Leipzig, Rostock und Berlin

	1925: Promotion zum Dr. phil. an der Universität Leipzig
Berufstätigkeit	seit 1919: freie Mitarbeit in Zeitungen und Zeitschriften
Praktikum	keins
Abschlüsse	1919: Abitur 1925: Promotion
Sprachkenntnisse	Deutsch, Latein, Griechisch, Französisch
Sonstiges/Hobbys	Literatur lesen und schreiben Kabarett spielen Reisen
Datum	10.10.1930
Unterschrift	Erich Kästner

▶ ***Lösung 181:***

Lebenslauf

Mein Name ist Erich Kästner. Ich wurde am 23. Februar 1899 in Dresden geboren. Meine Eltern sind der Sattlermeister und Fabrikarbeiter Emil Richard Kästner und die Näherin und Friseurin Ida Kästner, geb. Augustin.

Von 1906 bis 1913 besuchte ich die Volksschule in Dresden. Von 1913 an wurde ich am Freiherrlich-von-Fletscher'schen Lehrer-Seminar in Dresden ausgebildet, wo ich, unterbrochen von einem einjährigen Kriegseinsatz im Jahre 1917, 1918 den Abschlusskursus absolvieren konnte. Die allgemeine Hochschulzugangsberechtigung habe ich durch ein mit Auszeichnung bestandenes Abitur am König-Georg-Gymnasium in Dresden im Jahre 1919 erworben.

Von 1919 bis 1925 studierte ich in Leipzig, Rostock und Berlin die Fächer Germanistik, Philosophie, Geschichte und Theatergeschichte. Im Jahre 1925 beendete ich mein Studium mit der Promotion zum Dr. phil. an der Universität Leipzig. Das Thema der Dissertation lautete: „Die Erwiderung auf Friedrich des Großen Schrift ‚De la littérature allemande'".

Seit 1919 bin ich als freier Autor tätig und habe bereits zahlreiche Romane und Gedichte veröffentlicht.

Meine Lieblingsfächer in der Schule waren Deutsch und Geschichte. Neben dem Lesen gehört das Reisen zu meinen Hobbys. Außerdem spiele ich gerne Kabarett.

▶ ***Lösung 182:***
Der tabellarische Lebenslauf ermöglicht einen schnellen Überblick über die relevanten Daten; der ausführliche Lebenslauf gestattet dagegen Aufschlüsse über die Ausdrucksfähigkeit eines Bewerbers.

▶ ***Lösung 183:***
Der handgeschriebene Lebenslauf gestattet nicht nur Aufschlüsse über die Ausdrucksfähigkeit, sondern auch über die Persönlichkeit eines Bewerbers.

▶ ***Lösung 186:***
weißes Papier / nur einseitig beschriften / möglichst nur eine Seite füllen / Datum und Unterschrift keinesfalls vergessen

▶ ***Lösung 187:***
Er bewirbt sich für die Ausbildung zum Kfz-Mechaniker, weil er in einem Praktikum erfahren hat, dass ihm der Beruf liegt.

▶ *Lösung 188:*

• •	
Alexander Becker 15.04.2004 Römerstr.156 69126 Heidelberg Tel.: 0 62 21/55 33 44 E-Mail: becker.alexander@t-online.de	3, 2
• • • • •	
Autohaus Karl Müller GmbH Im Taubenfeld 156 69123 Heidelberg/Wieblingen	4
• • •	
Bewerbung um die ausgeschriebene Ausbildungsstelle als Kfz-Mechaniker	10
• •	
Sehr geehrter Herr Herold,	8
•	
mit großem Interesse habe ich in der Rhein-Neckar-Zeitung vom 10.04.2004 Ihre Anzeige gelesen, in der Sie zum 01.08.2004 einen Auszubildenden für das KFZ-Handwerk	11
suchen. Ich bewerbe mich bei Ihnen hiermit um diesen Ausbildungsplatz.	9
•	
Während eines Praktikums im Autohaus Hoffmann in Heidelberg konnte ich erfahren, dass mir der Beruf eines Kfz-Mechanikers gerade auch in der täglichen Praxis gefällt. Aus meinem beigelegten Praktikumsbericht können Sie entnehmen, dass ich vor allem im Bereich Fahrzeugelektronik Erfahrungen sammeln konnte. In meiner beigefügten Praktikumsbescheinigung wird mir auch die von Ihnen gewünschte Einsatzfreude bestätigt.	6

• Im Augenblick besuche ich das 2. Jahr der Berufsfachschule Metall in der Carl-Benz-Schule in Mannheim. Viel Spaß macht mir besonders der Fachunterricht im Bereich Metalltechnik. Im Fach Physik werde ich wahrscheinlich die Abschlussnote „sehr gut" erhalten.	12
• Ich würde mich sehr freuen, wenn ich bei Ihnen meinen Traumberuf erlernen könnte.	
• Für ein persönliches Vorstellungsgespräch stehe ich gerne zur Verfügung.	1
• Mit freundlichen Grüßen	13
• *Alexander Becker*	7
• **Anlagen** Lebenslauf Kopie des letzten Schulzeugnisses Kopie einer Praktikumsbescheinigung Kopie des Praktikumsberichts	5

▶ ***Lösung 190:***

Anzeige 1: Bewerbung um die ausgeschriebene Ausbildungsstelle als Friseur/in
Anzeige 2: Bewerbung um die Stelle eines kaufmännischen Mitarbeiters/einer kaufmännischen Mitarbeiterin
Anzeige 3: Bewerbung um die ausgeschriebene Ausbildungsstelle „mathematisch-technische/r Assistent/in/Informatik (IHK)"

▶ ***Lösung 191:***

Mit großem Interesse habe ich in Kölner Tageblatt vom 10.02.2004 Ihre Anzeige gelesen, in der Sie zum 01.08.2004 einen Auszubildenden für den Beruf „mathematisch-technische/r Assistent/in/Informatik (IHK)"suchen.

▶ ***Lösung 192:***

Anzeige 2: Ich bewerbe mich bei Ihnen um diesen Ausbildungsplatz.

▶ ***Lösung 193:***

Anzeige 1: Sehr geehrte Damen und Herren,
Anzeige 3: Sehr geehrte Frau Hillemeier,

▶ ***Lösung 194:***

Abschluss einer kaufmännischen Ausbildung oder eines betriebswirtschaftlichen Studiums, erste Berufserfahrungen, gute Englisch-Kenntnisse, sicherer Umgang mit modernen Kommunikationsmitteln, sehr gute Anwenderkenntnisse in MS-Office, Teamfähigkeit, Belastbarkeit, hohe Einsatzbereitschaft, Weiterbildungsbereitschaft

▶ ***Lösung 195:***

•

Schirin Bodum 05.03.2004
Turnerstr. 132
68126 Mannheim
Tel.: 06 21/5 51 23 84
E-Mail: bodum.s@web.de

•
•
•
•
•

Haarstudio am Markt
Lutherstr. 34
69120 Heidelberg

•
•
•

Bewerbung um die ausgeschriebene Ausbildungsstelle als Friseurin

•
•

Sehr geehrte Damen und Herren,

•

mit großem Interesse habe ich in der Rhein-Neckar-Zeitung vom 04.03.2004 Ihre Anzeige gelesen, in der Sie zum 01.08.2004 eine Auszubildende suchen. Ich bewerbe mich bei Ihnen hiermit um diesen Ausbildungsplatz.

•

Während eines einmonatigen Praktikums im Friseursalon „Müller" in Heidelberg konnte ich erfahren, dass mir der Beruf einer Friseurin gerade auch in der täglichen Praxis gefällt. Insbesondere die Möglichkeit kreative Gestaltungsideen umzusetzen, fasziniert mich an dieser Arbeit. In meiner beigefügten Praktikumsbescheinigung werden mir zudem Freundlichkeit auch in Stresssituationen und Einsatzfreude bestätigt.

•

Im Augenblick besuche ich die 9. Klasse der Max-Weber-Hauptschule in Heidelberg. Viel Spaß macht mir besonders der Fachunterricht in Kunst und Deutsch. Wie Sie an meinem letzten Zeugnis sehen könne, werde ich im Juni 2004 voraussichtlich einen sehr guten Hauptschulabschluss machen.

•

Ich würde mich sehr freuen, wenn ich bei Ihnen meinen Traumberuf erlernen könnte.

•

Für ein persönliches Vorstellungsgespräch stehe ich gerne zur Verfügung.

•

Mit freundlichen Grüßen

•

Schirin Bodum

•

Anlagen
Lebenslauf
Kopie des letzten Schulzeugnisses
Kopie der Praktikumsbescheinigung

▶ ***Lösung 197:***
Absender, Datum, Anschrift, Anrede, Bewerbungstext, Begründung, momentane Tätigkeit, Grußformel, Unterschrift, Anlagen. Lösungswort: Sauberkeit

▶ ***Lösung 198:***
In jedem Fall muss man für alle Bestandteile der Bewerbungsmappe weißes Papier benutzen, da das Geschriebene darauf besser zu lesen ist als auf farbigem Papier. Man lässt links und rechts des Textes einen Rand von etwa 3 cm, damit der Empfänger/die Empfängerin die Unterlagen abheften kann und gleichzeitig Raum für Notizen bleibt. Selbstverständlich darf das Papier nur einseitig beschrieben werden,

sonst müsste der Empfänger/die Empfängerin das Papier wenden und könnte sich nicht so schnell orientieren. In jedem Fall muss die gesamte Bewerbung mit dem Computer geschrieben werden, weil Handschriftliches oft schlecht lesbar ist; daneben kann man am Computer leichter Fehler verbessern. Eine Ausnahme von der Regel bildet der handschriftliche Lebenslauf, der aber nur auf ausdrückliches Verlangen anzufertigen ist. Verunreinigungen wie Flecken, Tipp-Ex-Korrekturen, „Eselsohren" müssen unbedingt vermieden werden, denn sie werfen ein schlechtes Licht auf den Bewerber/die Bewerberin. Außerdem werden unsaubere Bewerbungen oft gar nicht gelesen. Das Lichtbild darf nicht allzu alt sein, weil die Firma grundsätzlich alle aktuellen Informationen benötigt. Die Bewerbungsunterlagen werden in einem Schnellhefter eingelegt; keinesfalls dürfen die einzelnen Seite jeweils in eine Klarsichthülle eingelegt werden, da es für den Empfänger/die Empfängerin einen höheren Zeit- und Platzaufwand bedeutet, wenn er alle Hüllen wieder entfernen muss, um sich z. B. Notizen zu machen oder die Unterlagen zu archivieren.
Wenn die Bewerbung unverzüglich in die richtigen Hände gelangen soll, dann müssen Namen und Adressen richtig angegeben werden. Der Umschlag muss mit ausreichendem Porto frankiert werden, denn es ist sehr ärgerlich, wenn der Empfänger Nachporto entrichten muss.